麦肯锡情绪管理法

[日] 大岛祥誉——著　朱悦玮——译

マッキンゼーで学んだ
感情コントロールの技術

北京时代华文书局

图书在版编目（CIP）数据

麦肯锡情绪管理法 / （日）大岛祥誉著 ；朱悦玮译 . — 北京 ：
北京时代华文书局，2020.7（2025.2 重印）
ISBN 978-7-5699-3635-3

Ⅰ . ① 麦… Ⅱ . ① 大… ② 朱… Ⅲ . ① 情绪－自我控制－通俗读物
Ⅳ . ① B842.6-49

中国版本图书馆 CIP 数据核字 (2020) 第 080520 号

McKinsey de mananda kanjyo contororu no gijyutsu written by Sachiyo Oshima.
Copyright © 2018 by Sachiyo Oshima. All rights reserved.
Originally published in Japan by SEISHUN PUBLISHING Co.,Ltd.
Simplified Chinese translation rights arranged with SEISHUN PUBLISHING Co.,Ltd.
through Digital Catapult Inc., Tokyo.

北京市版权局著作权合同登记号　图字：01-2020-0180

拼音书名 | MAIKENXI QINGXU GUANLIFA

出 版 人 | 陈　涛
策划编辑 | 周　磊
责任编辑 | 周　磊
责任校对 | 徐敏峰
装帧设计 | 程　慧　赵芝英
责任印制 | 訾　敬

出版发行 | 北京时代华文书局 http://www.bjsdsj.com.cn
　　　　　北京市东城区安定门外大街 138 号皇城国际大厦 A 座 8 层
　　　　　邮编：100011　电话：010-64263661　64261528
印　　刷 | 三河市嘉科万达彩色印刷有限公司　0316-3156777
　　　　　（如发现印装质量问题，请与印刷厂联系调换）
开　　本 | 880 mm×1230 mm　1/32　印　张 | 5.75　字　数 | 93 千字
版　　次 | 2020 年 9 月第 1 版　　　印　次 | 2025 年 2 月第 10 次印刷
成品尺寸 | 145 mm×210 mm
定　　价 | 42.00 元

学会管理情绪，将彻底改变你的工作和人生

　　无法在工作中取得成果，总是搞不好人际关系……很多人都被这些烦恼所困扰，社会上也充斥着解决上述问题的商务书籍和励志书籍。每个人都迫切地想要提高自己的工作能力与交流能力。但我想说的是，"请等一下"。

　　在提高自己的工作能力和交流能力之前，最重要的其实是保证自己处于健康的精神状态。不管你拥有多么优秀的能力，如果因为精神状态不稳定导致情绪出现问题，那么绝对无法取得理想的成果。举个最常见的例子，即便是拥有最优秀的身体素质和技术的运动员，如果被不安和恐惧等情绪影响，也无法在比赛中发挥出最佳的水平。

　　在商务活动中也是一样。提高自身的工作能力固然重要，但在此之前，更重要的是能够管理自己的情绪。

我们都身处在一个充满压力的社会之中，焦虑、不安、烦躁、消沉等情绪很容易影响到我们的精神状态。诸位读者或许也都在工作和日常生活中遇到过情绪出现波动，以及因为情绪的波动影响到工作和生活的情况吧。

因为从事管理顾问工作的关系，我经常会接触到许许多多的商务人士。我发现其中有许多人都因为工作和人际关系上的压力导致情绪出现问题。

比如某位男士，因为公司裁员导致工作量增加，再加上工作方法改革不允许加班，导致他不知道应该如何及时完成工作任务，于是出现焦躁的情绪，总是大声地训斥下属，情绪变得非常不稳定。

某位女士和上司之间的关系相处得不融洽，认为"上司对我置之不理""总是躲着我"，陷入抑郁的状态。

还有很多商务人士，虽然没有上述两个例子那么严重，但也可能因为"为什么总是我遇到这些问题？""为什么只有我吃亏？"而感觉焦虑，或者因为"一直在这个公司干下去，将来没问题吗？""有没有更能发挥我能力的地方？"而充满不安。

情绪与工作表现是相辅相成的

我在麦肯锡工作的时候也有过同样的感受。

当时，和我一起共事的优秀前辈们，都能够很好地管理自己的情绪，从不会被情绪影响到自己的工作表现。每个人都很擅长管理自己的情绪。

而每当我参与大型项目的时候，内心总是会充满了焦躁和不安的情绪，无法将注意力都集中在工作上，反而在不相关的事情上投入大量的精力，结果自然是无法取得预计的成果。这就导致我更加焦躁和不安，陷入恶性循环。

幸运的是，有一位如同导师般的前辈给我提出了非常宝贵的建议。

"有些问题是不管你再怎么烦恼也解决不了的。与其将精力浪费在这样的事情上，不如先集中精力解决能解决的问题。"

当时我一直在因为上司的评价和工作的成果等自己完全无能为力的事情而烦恼，但在那些优秀的前辈看来，我根本不应该因为这些事情烦恼，应该将注意力集中在自己能解决的事情上，踏踏实实地完成工作。

他们的工作方法其实非常简单，就是在自己力所能及的事情上投入最大限度的努力和精力，而对自己无能为力或者做不做都行的事情，则不浪费一点精力。

也就是说，他们能够对工作进行合理的"归类与划分"。现在回忆起来，我当时根本没有对工作进行合理的规划，而是将情绪问题与工作问题、个人问题与团队问题全都混杂在一起，导致我根本无法进行整理。

事实上，即便是喜怒哀乐的情绪问题，也可以通过归类划分来搞清楚"是不是应该解决问题"以及"应该如何解决"。通过将情绪"可视化"，就能够使其变成具体的问题和课题来着手进行解决。

这并不是什么难事，只需要通过管理顾问的问题解决方法，也就是框架和逻辑分析方法就能够做到。当我意识到这一点之后，我的状态就发生了巨大的改变。

关于详细的内容我将在本书中为大家介绍，情绪管理并不需要因人而异，因为这和个人的性格无关，完全是逻辑方法的技巧，任何人只要掌握了其中的要点都能够掌握这个方法。

　　本书介绍的就是将管理顾问的问题解决框架应用于情绪管理上的一种全新方法。这种方法并不是让我们压抑和抹杀自己的情绪，而是帮助我们更好地管理自己的情绪，利用情绪的能量提高我们的工作能力，让人际关系变得更加顺畅，使我们的人生更加丰富多彩。

　　什么样的人才是真正的强者？是击败一切竞争对手并取得最后胜利的人吗？我认为并不是，真正的强者应该是不管面对怎样的状况都能泰然自若，完美地管理自己的情绪，将自己的能力充分地发挥出来的人。这样的人不会四处树敌，而会广交朋友。周围的人也都愿意支持他、追随他。一切都在不知不觉间自然而然地顺着他的想法发展。

　　之前你以为全靠与生俱来的天赋和性格才能拥有的能力，事实上只要掌握了逻辑的问题解决方法，任何人都能拥有。本书就将为大家介绍这种方法。

目录

第一章

比技能和经验更重要
工作表现的90%都由情绪管理决定!

越是优秀的商务人士越能自然地工作 / 003

麦肯锡的情绪管理专家们 / 004

情绪管理比聪明的头脑和强大的工作能力更重要 / 005

充满压力和焦虑的现代社会 / 007

社交网络使压力与挫折感变得更大 / 009

越是感觉讨厌的对象，越可能是改变人生的关键 / 010

认清自己的情绪模式才能开始新的关系 / 012

情绪不稳定的时候其实是成长的良机 / 013

情绪管理不等于抹杀情绪 / 014

麦肯锡的问题解决能力给我带来的灵感！／017

通过让情绪"可视化"将其变为能够解决的"课题"／021

情绪管理最优先的选项／022

第二章

愤怒、焦躁、不安……
扰乱你情绪的真正原因是什么？

情绪分为多少种类？／027

什么是"情绪传染"？／028

引发愤怒和焦躁的真正原因／030

负面情绪可能是认知偏差造成的误解／033

个人的"价值观"会使愤怒加倍／034

认清自己的个人价值观／036

不要将"相关关系"与"因果关系"混为一谈／038

身体的疲惫会导致负面情绪的产生／040

偶尔远离智能手机和社交网络／041

强化大脑内的"情绪管理回路" / 043

"缺乏自我认同感"是导致负面情绪产生的主要因素 / 046

第三章

在麦肯锡学会最强的问题解决能力
将难以触摸的情绪变为"能够解决的课题"的方法

什么是分析情绪的"思考框架"？ / 053

从上司那里学到的情绪管理秘诀 / 054

不让自己被琐碎问题"困扰"的行动原则 / 055

找出隐藏在表面之下的真正问题 / 056

什么样的人容易陷入情绪不稳定的状态？ / 059

麦肯锡的问题解决技术=情绪管理法 / 061

【麦肯锡的情绪管理基本原则1】

——找出真正的问题 / 062

【麦肯锡的情绪管理基本原则2】

——把握问题的结构 / 063

【麦肯锡的情绪管理基本原则3】

——建立假设进行验证 / 064

【麦肯锡的情绪管理基本原则4】

——提出解决方案"空—雨—伞"理论 / 066

逻辑思考的基本——问题分解 / 068

越是优秀的商务人士越是坚持"将思考简单化" / 080

第四章

负面情绪也能被加以利用
将情绪与工作成果相结合的实践技巧

坦然地接受负面情绪 / 085

优秀的人都很擅长接受与释放情绪 / 086

了解自己的"引爆点" / 088

发现引爆点的测试方法 / 089

将自己的情绪写出来 / 091

通过想象法来提高集中力和积极性 / 102

帮助管理情绪的4个步骤 / 103

第五章

通过改变关系来提高工作效率
团队的情绪管理法

关键在于满足对方的被认可欲 / 111

打开对方心扉的"倾听"技巧 / 113

用"接受"来提高对方的自我肯定感 / 115

换一种更容易让人接受的说法 / 117

从"YOU信息"到"I信息" / 119

"先下手为强"传达自己的信息 / 121

团队管理中的情绪管理法 / 123

团队情绪管理中必不可少的"倾听区分"技术 / 125

对"事"不对"人" / 126

用"We"共享团队的问题 / 127

"使命感=任务"才是团队管理的基本 / 130

谷歌最强的团队力 / 132

第六章

消除心中的烦恼
有助于提高情绪管理能力的日常习惯

寻找一个榜样 / 137

"仔细观察榜样的工作方法"的重要性 / 138

观察可以激活镜像神经元 / 139

寻求榜样的帮助 / 140

养成PMA=积极思考的习惯 / 141

积极思考与情绪管理的深层关系 / 142

提高情绪管理能力的8个技巧 / 143

情绪突然出现剧烈波动时的6种应对方法 / 158

情绪管理就是充分地利用自己的情绪 / 162

通过情绪管理让人生变得更加丰富多彩 / 163

结语　让情绪成为自己的朋友 / 165

第一章

比技能和经验更重要

工作表现的90%都由情绪管理决定!

越是优秀的商务人士越能自然地工作

现在商务人士最不可或缺的能力是什么？答案是"情绪管理能力"。我们在日常的工作和生活中总是会产生各种各样的情绪。而容易被情绪左右的人和能够管理情绪的人，在工作上的表现以及最后取得的成果都大相径庭。

每个人都可能感到焦躁和不安，无法顺利地完成工作。不管能力多么优秀、经验多么丰富的人，如果受到负面情绪的影响，都无法充分地发挥出自己的能力。

负面的情绪会让事情变得复杂。比如自己不喜欢的上司说的一句话，可能会让自己纠结半天。结果平时很快就能做完的工作也因为无法集中精神而花费了大量的时间还没做好。

如果情绪不稳定，沟通交流也会受到影响。这会导致人际关系出现问题，工作无法顺利进行。容易受情绪影响的人，不管做什么事情都犹犹豫豫、踌躇不前。结果虽然投入了不少的时间和精力，却难以取得工作成果，自然难以得到上司和周围人的认可。

麦肯锡的情绪管理专家们

越是优秀的商务人士，越清楚将精力集中起来才能取得理想的成果。将有限的精力集中起来投入到工作中去，才能发挥出自己全部的能力。

而妨碍我们发挥出全部能力的最大因素就是情绪。

我以前在麦肯锡工作的时候，结识了许多优秀的商务精英。可以说，他们无一例外都很擅长管理自己的情绪。

他们不管同时参与多少个工作项目，都不会有任何焦躁和不安的情绪，能够最高效地取得成果。他们的情绪绝不会受日常琐事的影响，能够将全部精力都投入到工作之中。

但他们绝非压抑或抹杀了自己的情绪，事实上他们都非常直接地将自己的喜怒哀乐表现出来，毫不做作，显得十分自然，很有人格魅力。他们深受周围人的尊敬、拥有良好的人际关系。这给他们带来了非常顺畅的工作环境，促成了取得成果的"良性循环"。

反之，越是工作做得不好的人，越容易被日常琐事搅乱心神，导致情绪不稳定。结果，不但在工作中发挥不出自己本来的能力，还搞不好人际关系，陷入"恶性循环"之中。

情绪管理比聪明的头脑和强大的工作能力更重要

我认为情绪管理与自我管理差不多是同样的意思。

美国进行过一项研究，针对大学生的成绩与30多种性格特征之间的关系进行分析后发现，与学生成绩相关的性格特征只有一个，那就是"自我管理能力"。

而且自我管理能力作为预测学生今后学习成绩的根据，比智商测试和SAT（美国大学升学考试）的分数更加准确。

另一项针对商务人士的研究则表明，自我管理能力强的上司，更容易受到部下和同事的信赖与好评。这样的人情绪更加稳定，极少对他人表现出攻击性。

根据上述研究得出的结论，可以说与聪明的头脑和优秀的工作能力相比，拥有自我管理能力——也就是情绪管理能

麦肯锡情绪管理法

做好情绪管理能产生"良性循环"

能够管理情绪的人产生良性循环

情绪稳定　　面带微笑

发挥稳定　　充满正能量
　　　　　　人际关系良好

不能管理情绪的人陷入恶性循环

情绪不稳定　　焦躁不安

发挥失常　　精力浪费
　　　　　　人际关系恶化

**只要能够管理情绪，
就能进入使人生走向成功的"良性循环"**

力——的人，更容易在社会上取得成功。

要想建立起良好的人际关系、取得工作成果、度过幸福的人生，最重要的一点就是管理好自己的情绪。

充满压力和焦虑的现代社会

在当今社会，我们每个人的身上都承受着巨大的压力。尽管各大企业都在通过劳动方法改革试图减少加班时间，但工作总量并没有发生改变。而且随着人员的减少，分配在每个人身上的工作任务反而增加了。

现代社会每个人都身处压力和焦虑之中，不管在工作中还是生活中，每个人看起来都是一副精神紧张的样子。

我甚至有一段时间不敢坐地铁，因为地铁车厢里充满了剑拔弩张的气氛。只是稍微碰到对方一下，对方就会怒目圆睁地看着你，想下车的时候也根本没有人给让开通道。

在我们的周围几乎感觉不到丝毫轻松的氛围。最近出现的许多事件和犯罪案件，都是因为一时冲动所引起的。

通过"情绪管理能力=自我管理能力"让一切变得更好！

"情绪管理能力=自我管理能力"关系到
所有能力的提高

　　日本情绪管理协会的一项调查研究表明，日本人平均每天产生焦躁情绪的次数是4次，甚至有很多人一天产生焦躁情绪的次数高达11次。你的情况又如何呢？生活在大城市里的人对于这个数字应该不会感到奇怪吧。

社交网络使压力与挫折感变得更大

　　信息爆炸也是导致情绪变得不稳定的重要原因。人们通过智能手机24小时与互联网和社交网络相连。尽管这给我们带来了便利，但同时社交网络也放大了他人的成功，让我们在浏览社交网络的同时对自己的人生充满焦虑。此外，我们还不得不花费大量的时间去回复别人发来的信息，让心灵无暇休息。

　　在这个信息爆炸的时代，我们收到的刺激越发强烈。日本总务省的一份数据表明，从1996年到2006年的10年间，社会上流通的信息量增加了532倍。而随着智能手机的普及，如今的信息流通数量肯定会大幅增加。也就是说，我们全都身处在信息的洪流之中，交感神经一直处于活跃的状态。而这种状态如果长时间持续，会导致神经过敏的症状。

身体的疲惫会直接导致负面情绪的出现。养命酒制造株式会社在2017年进行了一项调查发现，在东京工作的商务人士中，有接近七成都处于慢性疲劳状态。而导致疲劳的三大原因分别是"职场的人际关系""工作内容""工作量大导致的加班"。

上述原因导致疲劳，疲劳又导致负面情绪的出现，负面情绪则会使"职场的人际关系"进一步恶化，出现恶性循环也就不难想象了。

因为一点小事就焦躁不安、意志消沉，情绪变得很糟糕。在这样的时代，情绪管理更显得尤为重要。

越是感觉讨厌的对象，越可能是改变人生的关键

事实上，我以前就不会管理自己的情绪，导致做不好工作，也搞不好和上司的关系，更无法充分地发挥出自己的能力。

我以前的上司是个对部下的工作方法吹毛求疵、不问青红皂白就轻易否定他人的人。

当时的我每次遭到上司的训斥，都只会唯唯诺诺，因为自己不能得到上司的赏识而感到焦虑。可是我的这种反应却让上司更加恼火，对我更频繁地大发雷霆，我们两人的关系完全陷入了一个恶性循环。于是，我对这样的上司除了恐惧之外还充满了愤怒和厌恶。

这就是在被上司影响的同时，又被自己的情绪影响的状态。我逐渐对这样的自己也开始感到厌烦，出现了自我厌恶的情绪。

后来，我因为某种契机打破了这种恶性循环，通过在心理上与上司保持一定的距离，终于使自己冷静了下来。当上司又来找我麻烦的时候，我知道"上司的老毛病又犯了"，于是就能通过合理的方法来进行应对。而上司也因为我的应对而冷静下来，不再像以前那样对我穷追不舍地进行攻击。

不仅如此，当我不再感情用事地面对上司时，我意外地发现对方是个很优秀而且有很多优点的人。通过保持距离感，我将对方变成了一个更容易在一起共事的上司。坦白地说，连我自己都对这种变化感到非常惊讶。

越是让你讨厌的人，越可能是改变你人生的重要人物。曾经的这段经历教会我这个道理。

认清自己的情绪模式才能开始新的关系

通过上述例子不难看出，当我们对他人产生负面的情绪时，在很大程度上是因为我们自己心中的偏见造成的。也就是说，与他人引发的外部因素相比，负面情绪更多是由于我们自身的内部因素导致的。

举个最简单的例子，即便经历同样的状况、与同样的人交往，不同的人产生的感受也各不相同。对有的人来说很不愉快的体验，对另外的人来说则可能是很愉快的经历。情绪不只受客观事实的影响，更和自己主观的想法与态度有很大的关系。

如果全凭感情用事，对他人采取拒绝和否定的态度，那么就算自己意识到这其实是一种偏见，也无法及时地改正。只有彻底改变自己的想法和行动，才能消除主观的偏见。

以我自己为例，我通过改变自己，发现上司身上除了让我讨厌的地方之外还有许多优点，从而与上司之间建立起全新的关系。更神奇的是，当建立起这种全新的关系之后，我和上司之间在工作上也开始互相帮助、共同进步。

这段经历给了我极大的自信，让我知道自己即便和不喜欢的人在一起也能够顺利地完成工作。我认为这对我自己来说也是非常大的成长。

情绪不稳定的时候其实是成长的良机

相信在大家的身边一定也存在让你感到不好相处或者讨厌的上司与同事吧。但我给大家的建议是，"不好相处的人、讨厌的人，很有可能会给你提供最大的帮助"。

事实上，之前关系不好的两个人，如果能够打破两人之间的隔阂，可能会一下子成为非常默契的商业伙伴。这样的情况可以说十分常见。

但是，如果一味地觉得对方不好相处，一味地讨厌对方，总是下意识地不和对方进行接触，就会错失能够让自己得到成长和改变的良机，也无法得到关系改变带来的诸多好处。这对自己来说绝对是巨大的损失。

被情绪影响，会浪费精力、工作状态不佳、搞不好人际关系、造成巨大的损失。不仅如此，正如前文中所说的那样，还会使自己失去成长和改变的良机。

是否能够管理自己的情绪，对今后的工作、人际关系以及人生都有非常重大的意义。

情绪管理不等于抹杀情绪

经常有人对情绪管理产生误解，认为情绪管理就是压抑和抹杀自己的情绪。但实际上恰好相反，情绪管理不需要抹杀情绪，而是让情绪自然流露。通过让自己的情绪抒发出来享受生活。

如果故意去压抑愤怒、悲伤、憎恨和嫉妒等负面情绪，会使这些情绪隐藏在潜意识当中，带来诸多的弊端。

因此，最重要的是认可自己的情绪。

"我现在非常生气""我现在感觉很悲伤""真让人感觉嫉妒啊"……像这样用语言将自己的情绪表述出来，就能够认清自己的情绪。

强行掩饰自己的情绪会浪费大量的精力。美国曾经做过这样一个实验：实验者被分成三组，同时观看一部非常悲伤的电影。

第一组被告知不管感到多么悲伤都不能将情绪表露出来。

第二组被告知必须将情绪夸张地表现出来。

第三组没有接到任何指示，正常观看电影。

结果第一组和第二组的实验者在看完电影后精力有明显的下降，而第三组的实验者则没有任何变化。

通过这个实验可以看出，自然地流露出自己情绪，心里不会感到纠结，能够避免浪费精力。反之，如果故意去掩饰自己的情绪，则会使心里感到纠结，造成精力的浪费。

掩饰情绪，不管是强行压抑还是故意夸张，都不是情绪管理。

掩饰情绪会导致精力消耗

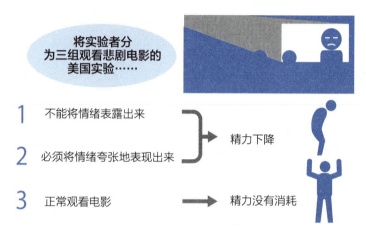

将实验者分为三组观看悲剧电影的美国实验……

1　不能将情绪表露出来

2　必须将情绪夸张地表现出来

　　　　　　　　　　精力下降

3　正常观看电影　　　　➡　精力没有消耗

掩饰情绪会导致精力消耗，管理情绪可以避免精力消耗

　　情绪管理其实就是情绪的真实流露。这样才能避免浪费精力，将精力投入到真正重要的事情上面。

　　可以说，充分地将情绪表现出来，才是情绪管理的关键所在。

麦肯锡的问题解决能力给我带来的灵感！

很多人以为情绪管理能力是由与生俱来的天赋和性格决定的，但这完全是误解。事实上，情绪管理能力是任何人都能够掌握的"技能"。

正如前文中提到过的那样，我自己曾经也深受情绪问题的困扰。但自从掌握了管理情绪的方法之后，我的人生就发生了巨大的改变。

管理情绪的方法和我在麦肯锡学到的问题解决方法十分相似。关于这部分内容我将在第三章中为大家做详细的介绍。简单地说，我就是将麦肯锡的问题解决顺序直接套用在了情绪管理上。

麦肯锡的问题解决顺序如下：

①找出真正的问题；

↓

②把握问题的结构；

↓

③建立假设并进行验证；

↓

④得出解决办法。

这就是解决问题的基本流程。将上述流程套用在情绪管理上，就变成了如下所示：

①认清自己的情绪，冷静地接受；

↓

②把握导致情绪变化的问题的结构；

↓

③建立解决该问题的假设并进行验证；

↓

④得出解决办法。

首先也是最重要的一点，就是准确地认清自己的情绪。即便是负面的情绪，也要冷静地接受（找出真正的问题）。

接下来，就要搞清楚这种情绪是如何产生的。比如上司批评你制作的企划书不够好，你感觉愤愤不平。冷静地思考自己感觉愤怒的原因是什么后，就会发现以下负面情绪：担心上司对自己产生不好的印象的"不安感"，希望上司知道自己付出了多少努力的"认同欲"，感觉同事比自己更受上司喜爱的"嫉妒心"，以及不愿承认这些真实情绪的心理交织在一起，最终转化为"愤怒"的情绪（把握问题的结构）。

在此基础上建立假设，"自己是否拥有希望努力得到更多认可的认同欲"。然后通过模拟来对假设进行验证，比如"上司是否不只重视成果，还关注过程"（建立假设并进行验证）。

如果发现自己希望上司认可自己在工作过程中付出的努力，那么解决问题的方法就不是让愤怒的情绪发泄出来。

比如，将自己制作企划书的过程罗列出来，然后向上司请教过程中什么地方出现了问题。这样一来，不但能够使上司了解你的工作流程，还能让上司知道你是一个积极改善的人。这或许对满足你的认同欲能够带来一些帮助（得出解决办法）。

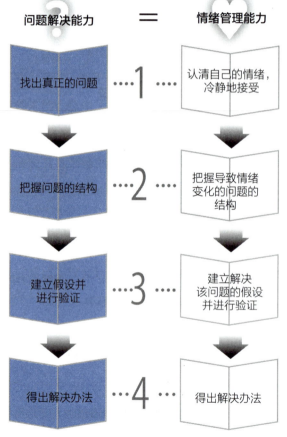

把问题解决能力转化为情绪管理能力!

问题解决能力	=	情绪管理能力
找出真正的问题	1	认清自己的情绪,冷静地接受
把握问题的结构	2	把握导致情绪变化的问题的结构
建立假设并进行验证	3	建立解决该问题的假设并进行验证
得出解决办法	4	得出解决办法

关键在于准确地认清自己的情绪

通过让情绪"可视化"将其变为能够解决的"课题"

情绪并不是看不见摸不着的抽象的东西，可以通过"可视化"的方法使其变成能够解决的"问题"。这样一来，自然就能够针对其找出解决办法。

比如焦虑的情绪，如果是因为工作一直难以取得进展导致的，那么课题就是寻求他人的帮助或者调整工作方法。

如果是因为太过在意上司对自己的评价所导致的，那么课题就是向上司说明自己的工作流程，请上司指出其中存在的问题，以此来提高上司对自己的评价。

将情绪"可视化"的关键是基于逻辑的分析和思考，而这正是麦肯锡问题解决技术的精髓所在。

容易受情绪影响的人，其实就是没能将情绪问题看作逻辑问题，无法将情绪问题变为能够解决的课题。

你是这样的人吗？就算是也不必担心，因为只要掌握了正确的方法，任何人都能够做到管理情绪。

而本书就将教会你这种方法。

将情绪问题转化为逻辑问题

难以捉摸的负面情绪

变换为逻辑的"问题"

自己能够解决的问题

通过问题解决能力进行解决

自己不能解决的问题

彻底放弃、不再思考

情绪管理是一种技能，只要将情绪问题看成是逻辑问题，任何人都能解决

情绪管理最优先的选项

除了逻辑分析和实践之外，还有其他情绪管理的方法、技巧、思考方法和心态等。我将在本书的后半部分逐一为大家进行介绍。

其中最重要的一点，就是"调整好身心的状态"。如果身体状态调整好，精神状态也会随之调整好。也就是说，有健康的身体才有健康的精神。所以，调整好身体的状态是情绪管理的大前提。

疲劳的状态很容易引起负面情绪的产生，想必大家也都有过类似的经历吧。在感到疲劳的时候，平时那些不值一提的小事也会引起我们的注意，很容易让负面情绪产生并爆发。

人类的集中力和意志力都是有限的。美国的社会心理学家罗伊·鲍迈斯特博士发现意志力与肌肉很相似。意志力也和肌肉一样，会随着不断的使用而积累疲劳，最后筋疲力尽。而恢复的方法只有休息。通过休息和睡眠，在消除疲劳的同时也能够恢复意志力。

越是工作能力优秀的商务人士，在休息日的时候越是放松自己，让身体得到充分的休息和恢复。这样不但身体能够得到恢复，精神的能量也能得到补充，与不眠不休地连续工作相比，适当的休息更能够提高工作时的效率。

不管是精神上还是身体上，我们的能量都是有限的，必须通过休息来及时地补充。请务必牢记这一点：不管你掌握多少技能，拥有多少知识，如果身心俱疲导致情绪失控，那么也无法取得任何成果。

综上所述，我们首先应该做的就是保持身心的健康和能量充沛，然后通过情绪管理的方法，将情绪的能量引导到正确的方向。

越是优秀的商务人士越重视睡眠、饮食、运动等生活习惯。整天加班才是好员工的时代早就过去了。从今往后，将是调整好自己的身心和情绪，将精力毫不浪费地全都投入到有价值工作中的商务精英成为主流的时代。

第二章

愤怒、焦躁、不安……

扰乱你情绪的真正原因
是什么？

情绪分为多少种类?

在上一章中,我为大家介绍了"情绪管理"在工作和日常生活当中的重要性,以及情绪管理并不需要特殊的能力或天赋,只要了解了其中的逻辑,任何人都能够掌握这种技巧,管理自己的情绪。

而在本章中,我将和大家一起更加深入地探讨情绪的本质,思考"情绪"究竟是怎么一回事,以及对导致负面情绪产生的原因进行验证。

听到"情绪"这个词,大家首先想到的是什么呢?最有代表性的情绪恐怕就是"喜怒哀乐"了。在中国有五情的说法,除了"喜怒哀乐"之外再加上"怨"。还有的人认为应该再加上"爱",也就是六情。

西方对"情绪"又有怎样的认知呢?《物种起源》的作者达尔文也对情绪进行过分析。他认为人类拥有七种超越文化背景和生活区域的普遍情绪，分别是悲伤、幸福、愤怒、轻蔑、厌恶、恐惧以及惊恐。

美国的心理学家保罗·艾克曼在愤怒、厌恶、恐惧、幸福、悲伤、惊讶这六种基本情绪之外，又加上有趣、轻蔑、满足、困惑、兴奋、罪恶感、自负、安心、接受、喜悦、耻辱十一种情绪，将人类的情绪分为十七种。

能够对人际关系直接造成不良影响的是"愤怒""悲伤""厌恶""憎恨"等负面情绪。如何管理这些负面情绪，对我们的人际关系和工作至关重要。

"愤怒"是最具有攻击性的情绪。因此，控制"愤怒"是情绪管理中最重要的一环。只要能够管理"愤怒"，那么其他的绝大多数情绪也都能够管理。

什么是"情绪传染"？

在日常的工作和生活中，我们每个人一天都可能会出现多次"焦躁"和"愤怒"的情绪。从今天开始，不妨试着用纸和笔将自己在什么情况下会产生愤怒的情绪记录下来，然后思考自己为什么会产生愤怒的情绪。

比如上班路上在拥挤的车厢里，旁边的人使劲地靠在自己身上；到了公司之后被上司批评工作拖沓；下午发现部下没跟自己打招呼就去见客户了。到了这个时候终于忍不住将怒火爆发了出来。

但事实上，导致愤怒的原因和你自己以为的原因可能完全不同。

比如你在拥挤的车厢里因为被其他的乘客挤到了而感到愤怒，事实上可能是因为车厢中其他人的情绪影响到了你。愤怒和焦躁的情绪是会传染的。如果周围充满了坐立不安、剑拔弩张的气氛，那么你也会在不知不觉间被这些情绪所感染，变得紧张易怒起来。

因为你并非每次被旁边的乘客撞到都会生气，不是吗？

别人的情绪影响到你，或者你的情绪影响到别人，这种现象被称为"情绪传染"。能够传染的情绪不只是愤怒，如果周围的人都在笑，自己也会不由自主地感到快乐；如果周围的人都在哭泣，自己也会悲伤起来。类似这样的情况想必大家在日常

生活中都经历过吧。

在我们的大脑里，有一种叫作镜像神经元的神经细胞，在这个神经细胞的作用下，当我们看到其他人的行动时，就好像自己也采取了同样的行动一样。因此，我们的大脑能够像镜子一样反映出其他人的行动和情绪。

由于人类是社会动物，所以存在"情绪传染"和镜像神经元都是很正常的现象。尤其是"情绪传染"，很容易因为愤怒和不安等负面情绪而引起。也就是说，你感觉愤怒实际上并非出于自己的情绪，可能是其他人情绪的镜像反射。

引发愤怒和焦躁的真正原因

在前文中提到，引发愤怒和焦躁等情绪的原因实际上可能和我们自己以为的原因完全不同，这种情况其实十分常见。导致出现这种情况的原因不止"情绪传染"一种。有时候我们表现的愤怒，实际上是其他情绪以愤怒的形式表现出来的。

请想象这样的情景，上司向你确认工作进展，结果你感觉很愤怒。

"就这么点工作还一个劲地问，上司就不能信任我吗？"

这种情绪以愤怒的形式表现出来。但请再仔细地思考一下，导致你感觉愤怒的原因可能是"我都已经这么努力了，竟然还得不到上司的认可，难道他是讨厌我？""要是一直这样下去我岂不是要被解雇了？"等各种各样的"不安"。

隐藏在"愤怒"背后的各种情绪

不安
"这样下去真的没问题吗？""看不到未来"……

自卑感和嫉妒
"我真的不行吗？""为什么总是那家伙？"……

欲求不满
"不顺利""得不到理解"……

恐慌
"不知道应该怎么做才好""必须采取行动才行"……

愤怒

悲伤
"我被伤害了""愿望无法实现"……

害怕
"要是被对方责备了该怎么办？""我现在恐怕很危险了"……

事实上，"不安"很容易变成"愤怒"。当我们感到不安的时候，说明我们处于弱势的立场。如果我们不愿意承认这种弱势，那么在情绪上就会将"不安"以"愤怒"的形式表现出来。

如果"不安"继续增强，就会变成"恐惧"。而"恐惧"是非常强烈的情绪，所以变成"愤怒"表现出来的时候也十分强烈。

虽然"愤怒"给人一种极具攻击性的印象，但隐藏在愤怒深处的却是渴望从"不安"和"恐惧"中逃离的防御反应。

"自卑感"和"嫉妒"等情绪也是如此。假设有一个处处都比你优秀的同事。每当上司表扬那位同事的时候，你都会愤愤不平地心想"上司的眼里只有那个家伙"。

这是在职场中很常见的情况，而这种情况下的"愤怒"，实际上是自己为了掩饰对同事的"嫉妒"和自己的"自卑感"而表现出来的一种防御反应。

自卑感和嫉妒属于任何人都不愿承认的负面情绪。因此当产生"自卑感"和"嫉妒"的时候，我们会自动地将其变换为"愤怒"，通过对他人发动攻击来转移对"自卑感"和"嫉妒"

的注意力。

因此，当我们感觉"愤怒"的时候，首先应该认清这种愤怒究竟是来自"情绪传染"还是来自自我防御。

负面情绪可能是认知偏差造成的误解

有时候即便遇到同样的事情，不同的人作出的反应也各不相同。比如上司对你说"你总是工作到很晚呢"。如果这个上司平时很照顾你，你对他很信任，那么你就能很坦诚地接受他的好意并且回答"谢谢你"。

但如果你对这个上司并不信任，那就可能会产生"他一定觉得我总加班是因为工作效率低"之类的想法。

人在面对不同的状况和事情时，会根据自己特有的想法来进行认知。也就是说，针对同样的状况和事情，不同的人有不同的认知方法。有的人会认为这是在夸奖自己，而有的人则会认为这是在挖苦自己。**之所以会出现这种情况，是由思考的偏差造成的，也就是我们常说的偏见。**

什么是偏见呢？让我来举一个简单的例子。假设有人拿出一张照片，照片上面是一位年轻的女性和一位颇有威严的中年男性，并且对你说"这是山田法官"。那么几乎所有的人第一反应都认为山田法官是那位中年男性。

这是因为我们都有一种先入为主的观念，认为法官就应该是有威严的中年男性。但实际上山田法官也有可能是那位年轻的女性。我们在不知不觉间就积累了许多像这样先入为主的观念和偏见。

我们的愤怒等负面情绪可能是由这种先入为主的观念和偏见引起的。

反之，如果能够消除先入为主的观念和偏见，正确地接受信息，负面情绪就不容易出现了。

个人的"价值观"会使愤怒加倍

虽然我们都知道应该客观地看待这个世界，但实际上在绝大多数情况下，我们都是戴着有色眼镜以自己的主观和偏见来进行判断的。

　　与偏见类似，我们每个人都有从小养成的"思考习惯"和"价值基准"。而在这些"思考习惯"和"价值基准"中最被个人坚持和遵守的被称为"价值观"。我们每个人都在个人价值观的影响下对事物进行判断，并因此而产生喜怒哀乐等。

　　比如有的人从小就被父母教育"绝对不能撒谎""绝对不能懒惰"。

导致负面情绪的根源——"认知偏差"和"价值观"

认知偏差

"先入为主的观念"
和"偏见"
例如：东京大学的毕业生一定是
工作能力优秀的人

价值观

从小养成的"思考
习惯"和"价值基准"

例如：撒谎的都不是好人

那么如果他发现有人作出违背上述价值观的行动，那么他就会感到非常愤怒，对那个人产生排斥的心理，更有甚者可能会作出攻击性行为。

因为从小就被父母不断地提醒，自己也努力地做到了父母的要求。所以越是这样认真的人，对他人的要求也越严格。

除此之外，还有"待人温柔是最宝贵的美德""做人不能太吝啬""男人和女人约会时不能让女人花钱"等，每个人都有各自的价值观。

包括父母的教育在内，每个人在自己的人生中都会逐渐形成自己的价值基准和思维习惯。

个人的价值观也可以看作是一种思维偏差。也就是说，个人的价值观其实也是一种偏见。

认清自己的个人价值观

尽可能认清自己的个人价值观，在情绪管理上非常重要。因为认清自己的个人价值观之后，就能够知道自己在进行思考和判断时的关注点。

正如前文中提到过的那样,个人价值观在绝大多数情况下都是由幼年教育和生活习惯形成的。因此,通过思考你的父母对你进行过怎样的教育以及生活中有哪些习惯,就可以搞清楚自己的个人价值观。

比如经常有人认为事物就"应该"是某种状态。"成年人应该这样""男人应该这样""身为领导必须这样"……这些都是价值观的典型表现。

每个人都应该有自己的个人价值观,用来引导自己人生的方向。但如果太拘泥于自己的个人价值观,不但用自己的个人价值观来约束自己,还用自己的个人价值观来约束他人,那就容易破坏自己的人际关系。

综上所述,要想管理自己的情绪,就必须搞清楚自己心中存在的偏见和价值观,及时地进行修正,并且养成换位思考的习惯。

不要将"相关关系"与"因果关系"混为一谈

除了偏见和个人价值观之外，还有一种扭曲的认知，那就是将"相关关系"和"因果关系"混为一谈的情况。比如，有A和B两种事物，如果A增加B也增加，A减少B也减少。那么，A和B之间属于什么关系呢？答案应该是相关关系。

但即使A和B之间存在相关关系，也不能说A和B之间就一定存在因果关系。

假设有人认为"自己不受欢迎是因为长得太丑"。而且根据实际的统计数字来看，确实证明相貌英俊的男性更受欢迎。

但相貌和受欢迎程度之间即便存在相关关系，也绝不是因果关系。因为在这个世界上还有很多虽然相貌并不出众但仍然很受异性欢迎的人。所以导致不受欢迎的根本原因并不是相貌，可能还存在别的原因。

像这种乍看起来似乎存在关联，但实际上并没有直接因果关系的关系被称为"伪因果关系"。很多人都因为将这种伪因果关系看作因果关系并过度重视，导致产生愤怒或不安等情绪。

　　大家有没有过这样的经历呢？早晨抵达公司，发现上司一副愁眉苦脸的模样。你主动跟上司打了招呼，但对方却并没有回应。于是你心想"上司一定是讨厌我，因为我打招呼他没理我"。

　　但上司之所以一副愁眉苦脸的模样以及没有回应你的问候，其实是因为早晨出门之前和家人大吵了一架导致心情很不好，并不是因为讨厌你。

　　假设有人认为"上司不喜欢我的企划，他可能是讨厌我"。因为别人提出的企划得到了通过，而他提出的企划没有通过。他因为这件事得出"上司因为讨厌我所以不通过我的企划"的结论。

　　但实际上可能因为他的企划还不够成熟，上司只是作出了客观的判断而已。或者还有一种可能是上司对他寄予厚望，认为"以这家伙的能力，应该能作出更好的企划"。

　　在产生负面情绪的时候，首先要确认自己是否弄错了因果关系。

身体的疲惫会导致负面情绪的产生

还有一个不容忽视的导致负面情绪产生的重要原因，那就是我在第一章中提到过的"身体的疲惫"。不安、焦躁……很多负面情绪都是由"疲惫"引起的。

而导致疲惫的最主要因素就是睡眠不足。2014年，OECD（经济合作与发展组织）对全世界29个国家的睡眠时间进行了调查，结果表明日本人的平均睡眠时间为7小时43分钟，排名倒数第二。睡眠时间最短的是韩国，平均为7小时41分钟。而睡眠时间最长的是南非，平均为9小时22分钟。

众所周知，睡眠与自律神经之间有着非常紧密的联系。如果因为睡眠不足导致自律神经失调，那么情绪当然也会变得不稳定。

如果感觉自己总是紧张、焦虑、易怒，请回忆一下最近是不是太疲劳了，有没有睡眠不足的情况。当情绪变得不稳定时，在认为是人际关系或自己的性格有问题之前，请先确认是不是由于疲劳的原因。

如果感觉疲惫，请立即休息。和上司认真地谈一谈，有必要的话还可以去看看心理医生。可能的话最好请一段时间带薪休假。上司也不会太为难你的，毕竟部下如果罹患精神疾病，那上司也具有不可推卸的责任。所以只要诚恳地和上司交流一下，对方一定会给你提供帮助的。

休息的时候就将工作上的事情全部忘掉，可以泡泡温泉让身体彻底地放松一下。远离城市的喧嚣，到大自然里去走一走，就能让身体和心灵全都焕然一新。

就算不出门旅游，每天晚上在家里好好地放松一下，泡个温水澡，也能消除身心的疲惫。泡澡时可以准备一些入浴剂和香薰，对睡眠很有帮助。最不可取的做法是以压力为借口酗酒。虽然喝酒后会使人产生一种压力全部消失的错觉，但实际上却会使人变得更加疲惫，使状况更加恶化。

偶尔远离智能手机和社交网络

我在第一章中也提到过，导致压力积累的主要原因之一，就是现代社会信息量太大。随着互联网和社交网络的不断发展，我们24小时都和他人联系在一起，新的信息永无休止地涌到我们身边。我们每天都不得不面对大量的信息。

这一点在社交网络上表现得尤其明显。

我们每一个人可以说都被"接到消息之后必须立即回复"这个不成文的规定束缚着。如果对方回复得稍微慢了一点，自己就不由得担心："为什么他不给我回复？""是有什么想法吗？"甚至产生焦躁和不安的情绪。这种状况使得双方都会感觉十分疲惫。

给别人的朋友圈内容点赞也是如此，一旦点了一次赞，以后就得一直点下去，否则就可能被对方误以为你对他有什么想法。但实际上自己对别人在朋友圈里晒的那些内容根本毫无兴趣，点赞只是敷衍罢了。

而且看到别人的生活那么精彩，想到自己的生活淡而无味，心情就变得更加沉重，甚至会产生自卑或嫉妒的情绪。

原本是为了增加人与人之间交流的社交网络，现在却演变成了增加人们"焦躁""嫉妒""愤怒"等负面情绪的平台。

我基本不使用社交软件和社交网络，只有在为了让更多的人了解我的工作时,以及工作上需要进行联系时等有明确目的的情况下才使用。

不仅如此,当我出门旅行的时候会彻底隔绝信息。我会将电脑和手机等通信设备全部关机。通过隔绝信息来彻底地忘掉工作,使身心得到放松和休息。

我在家睡觉的时候也会关闭所有通信设备的电源。这样做既能够屏蔽那些多余的信息,还可以减少有害电磁波的辐射。尽管电磁波对人体健康是否有影响尚无定论,但我们现在每天都暴露在大量的电磁波之中,要说电磁波对身体健康一点影响也没有恐怕不太可能。

强化大脑内的"情绪管理回路"

要想搞清楚喜怒哀乐等情绪产生的机制,首先需要了解大脑的结构。那么我们的情绪究竟是由大脑的哪一部分管理的呢?

最新的脑科学研究表明,喜怒哀乐等情绪都是从位于大脑旧皮质的一个名为大脑边缘系统的部位产生的。

除了人类，其他的哺乳动物和爬行动物的大脑中也有这个部位，这个部分管理着动物本能的行动与情绪。这说明喜怒哀乐等情绪是动物在受到外界某种刺激时所表现出的一种自我保护的条件反射。

另一方面，对这些情绪进行统一管理与控制的是位于大脑新皮质的前额叶。这个部位能够客观地把握情绪这种本能反应，并且对其进行管理。

由于情绪是动物的本能反应，人类身为动物的一员也必然会产生情绪。但情绪如果表现得过于激烈，会对社会生活产生影响，所以人类需要通过前额叶来对情绪进行管理。善于管理自己情绪的人，一般来说前额叶都比较发达。

当我们接收到外界的某种信息或刺激时，大脑边缘系统就会相应地产生情绪。但我们不会立即将"愤怒""恐惧""悲伤""喜悦"等情绪表现出来，而是先将情绪信息送往前额叶进行客观的判断后，再采取最合适的行动。

如果前额叶认为现在的情况不应该发怒，那么就会压抑愤怒的情绪；如果前额叶认为现在的情况不应该露出笑容，那么就会忍住不笑。

反之，不擅长管理情绪的人往往表现得冲动易怒，这样的人在大脑边缘系统产生的情绪无法充分地送达前额叶，在缺乏前额叶客观判断的情况下就将情绪都表现了出来。

要想合理地管理自己的情绪，就必须强化从大脑边缘系统到前额叶之间的信息回路。当产生愤怒、悲伤、不安或者恐惧等情绪的时候，不要立即表现出来，而是首先思考："为什么我现在如此愤怒？""为什么我现在如此悲伤？"

经过这样一个自问自答的过程之后，我们就会变得更加冷静，前额叶也能够充分地工作起来，帮助我们采取更加合理的行动。就像运动神经可以通过重复的动作形成条件反射一样，这种方法也可以用来锻炼大脑的神经回路。当愤怒等负面情绪即将爆发的时候，正是锻炼自己的好机会，请趁此机会让前额叶全速运转起来吧。

而经常将怒火直接宣泄到他人身上的人，往往是大脑神经系统到行动之间的回路比较短。这样的人都很冲动、感情用事，在家里容易产生家庭暴力，在职场中也经常惹麻烦，最终只会给自己带来巨大的损失。

值得注意的是，研究证明，当我们的身体感到疲惫的时候，前额叶的功能也会受到影响。除此之外，过量饮酒和压力过大也会影响前额叶的运转。从脑科学的角度来说，身心疲惫绝对是情绪管理的头号天敌。

"缺乏自我认同感"是导致负面情绪产生的主要因素

在本章中，我为大家介绍了许多导致负面情绪产生的原因。你之所以会出现负面情绪，可能是受到他人情绪的感染。你认为是愤怒的情绪，归根结底可能是嫉妒或不安。

有时候你以为是自己的性格有问题，但其实只是因为身体太疲惫了。从脑科学的角度来说，愤怒是动物的本能反应，想将其彻底消除是不可能的。

综上所述，错综复杂是情绪问题最大的特征。

虽然负面情绪的出现是诸多原因交织在一起导致的结果，但其中却存在一个最根本的原因——"缺乏自我认同感"。所谓自我认同感，简单说就是"认可自身的价值，能够接受自己最真实的状态"。

缺乏自我认同感的人，往往认识不到自身的价值，无法接受自己最真实的状态，而且认为自己不可能有任何改变，破罐子破摔。

自我认同感高的人和低的人之间有什么不同呢？假设因为自己的失误遭到别人的训斥，不同的人会有不同的表现。

自我认同感高的人在这种时候会有以下表现：

①不会感到气馁；

②承认自己的失误；

③思考如何才能补救；

④认为出现失败是通往成功的必经之路。

而自我认同感低的人在这种时候会有截然不同的表现：

①非常失落，意志消沉；

②认为自己果然是个没用的人；

③怀疑对方讨厌自己；

④感到愤怒；

⑤强迫自己不再犯同样的错误。

自我认同感检查表

分数:	1 没有	2 有一点	3 普通	4 较多	5 完全相符
1. 喜欢自己					
2. 不会与他人对比陷入消沉					
3. 认为自己受人欢迎					
4. 认为自己朋友很多					
5. 能够认清自己的缺点，但不会因此而否定自己					
6. 遇到困难时，心中坚信一定会有办法					
7. 认为自己运气很好					
8. 有明确的目标并为之而努力					
9. 不在意他人对自己的评价，坚持自己的原则					
10. 认为自己能够取得成长					
11. 失败也不气馁，思考下次如何成功					
12. 不会因为他人的失败和错误而感到愤怒					
13. 能够听取他人提出的意见					
14. 自己的人生基本都在计划之中					
15. 讨厌的人很少					
16. 几乎不会感到烦恼					

**4分和5分较多的人属于自我认同感比较高的人，
1分和2分较多的人则缺乏自我认同感。**

自我认同感低的人，对刺激往往会作出过度的反应，容易出现负面情绪。与之相对的是，自我认同感高的人不会因为一点小事就使情绪出现不稳定和动摇。

从前面提到的价值观的角度来看，两者的区别也十分明显。自我认同感高的人大多是乐观主义者，而自我认同感低的人则大多是悲观主义者。两者的价值观完全不同。

自我认同感高的人在遇到问题的时候，会乐观地认为"我一定能够解决""这样做一定能行"。而自我认同感低的人遇到同样的问题则只会悲观地认为"反正我肯定还会失败""谁也不会来帮我"。

毫无疑问，后者会产生不安、恐惧、无助等负面情绪。而前者则因为相信"一定会有办法"而显得泰然自若、游刃有余。

当然，乐观主义并不等于乐天主义。

乐天主义者自己并不会付出任何的努力，将一切都托付给上天来完成。而乐观主义者则能够客观地把握事物的问题点和改善点，并且尽可能地采取对策，至于最终的结果则听天由命。这也就是我们常说的"尽人事，听天命"。

　　情绪不稳定，总是容易出现不安、恐惧、愤怒、嫉妒等情绪的人，可能就是缺乏自我认同感。

　　我在本章为大家介绍了如何准确地把握自己的情绪，以及导致情绪不稳定的原因。

　　在接下来的部分，我将以本章内容为基础，为大家介绍情绪管理的具体方法。

第三章

在麦肯锡学会最强的问题解决能力

将难以触摸的情绪变为
"能够解决的课题"的方法

什么是分析情绪的"思考框架"？

在理解了情绪的本质以及情绪管理的重要性之后，接下来就需要掌握具体的情绪管理方法了。在本章中，我将为大家介绍如何将乍看起来难以触摸的情绪问题转变为逻辑问题，使其能够通过问题解决能力加以解决的方法。

要想做到这一点，我们需要掌握几种思考框架。除了我在第一章中介绍过的问题解决四个步骤的框架之外，还有逻辑思考最基本的"问题分离法"框架。

我将在介绍这些思考框架的同时，为大家更加具体地说明对情绪进行逻辑分析的方法。

首先，我将为大家介绍我从值得尊敬的前辈那里学到的情绪管理秘诀。

从上司那里学到的情绪管理秘诀

因为工作的关系，我接触到许多商务人士，其中有许多"工作能力出色而且充满人格魅力"的人。他们总是充满活力，拥有优秀的分析力、判断力以及决策力，而且深受上司、部下以及同事的信赖。

这样的人无一例外都是情绪稳定、举止稳重，并且内心充满热情的人。为什么他们总能够保持稳定的情绪呢？我在年轻的时候，光是完成自己的工作就花费了全部的精力。每当遇到意外的状况或者被上司提醒、训斥的时候，我都会出现负面情绪，可以说和他们完全相反。

"您在工作中总是保持情绪稳定的秘诀是什么呢？"

有一次，我抓住机会向自己的上司，同时也是我非常尊敬的前辈这样问道。这位前辈立刻回答道：

"就算感情用事、充满烦恼，工作也不会因此而变得顺利。所以只需要思考如何才能解决问题、实现目标，然后踏踏实实地去执行就好了。"

在此之前，每当工作进展不顺利的时候，我都会感到非常焦躁不安。但不管我多么焦急，工作也不会因此而变得顺利起来。对于商务人士来说，首先需要明确的就是自己应该做的工作是什么。

不让自己被琐碎问题"困扰"的行动原则

提高销售业绩、执行新企划、培养人才……在我们的工作中，有许多责任和目标。要想实现这些目标，必须作出最正确的判断并且采取最合理的行动。那些工作能力优秀、人际关系也很好的人，其实行动原则都非常简单。尤其值得注意的是，他们都不会被负面的情绪所困扰。

如果将情绪带入工作之中，工作一下子就会变得复杂和麻烦起来。不擅长工作的人和工作效率低下的人，都是因为将自己的负面情绪直接带到工作之中，所以才会出现烦恼和犹豫，让工作变得越发复杂。

　　反之，那些优秀的商务人士的工作方法则十分明了。他们做事十分坚决果断，能够分清哪些事情是自己应该做的，哪些是不该做的；哪些事情是自己能够控制的，哪些是不能控制的，并且知道要想达成目标都需要做什么以及优先顺序。他们会立刻去做那些应该做和能做到的事情，而对于即便烦恼也无能为力的事情则完全扔到一边不去管它。

　　工作能力优秀的人都有一个共同的特征，那就是"不烦恼"。被情绪问题困扰而充满烦恼的状态，从某种程度上说属于一种无法思考的混乱状态。

　　或许会有人说，"我根本做不到'不烦恼'地工作"。请不要担心，我曾经也和你有同样的烦恼，但我成功地改变了自己。所以只要大家掌握了以下我介绍的方法，一定也能够成功改变的。

找出隐藏在表面之下的真正问题

　　麦肯锡的管理顾问都很擅长将隐藏在表面之下的真正问题可视化。

假设有客户因为无法提高销售额而感到苦恼，希望能够改善自己的销售情况。

在这种情况下，人们往往最先关注销售战略等问题，比如如何获得新顾客、如何增加现有顾客的购买力、如何实施促销活动等。但经过对现场的仔细调查后就会发现，真正的问题并不在于销售战略，而是在于组织内部信息流通不畅。

将隐藏在表面之下的真正问题找出来，发现真正需要解决的课题。这就是我在麦肯锡学到的管理顾问的职责。**将客户自己都没有意识到的问题可视化，这就是迈向解决问题的第一步。**

要想做到这一点，首先需要对对象进行逻辑分析。丢掉固有的观念，收集必要的信息，通过逻辑分析找出问题点。

情绪管理的方法也是如此。焦躁、愤怒、不安……这些负面的情绪，都是因为我们没有搞清楚自己的内心究竟发生了什么问题才产生的。

因为不知道问题是什么，当然也无法进行解决。在这种束手无策的状态下，难免会使人感觉烦恼，产生焦躁和愤怒等负面情绪。反之，**如果我们能够搞清楚隐藏在负面情绪背后的问**

题，就能够不受情绪影响地解决这些问题。

我们之所以会感觉烦恼，就是因为在遇到问题的时候不知道应该如何解决。也就是说处于思考停滞的状态。

但如果将烦恼看作是"应该解决的问题"，那么接下来我们的大脑自然就会开始思考解决的方法，从而从思考停滞的状态中解放出来。由此可见，那些能够不烦恼地高效工作的人，都是很善于将问题可视化的人。

将情绪的"烦恼"变为能够解决的"问题"

情绪

· 焦躁
· 不安
· 愤怒

烦恼

"心情不好"
"诸事不顺"
"无能为力"

问题（课题）

"为什么感到焦躁？"
"怎样才能消除导致焦躁
的原因？"

什么样的人容易陷入情绪不稳定的状态?

假设A先生因为工作量太多而感到非常的苦恼,不知道应该怎么办。他陷入一种情绪不稳定的状态,压力越来越大,甚至开始怀疑自己的能力。在这种情况下,他应该怎么做才好呢?

首先,A先生应该冷静地对自己的工作进行一次全面的检查。所有的工作不可能都必须同时完成,肯定有必须优先处理的紧急工作以及能够先放在一边可以晚些再处理的非紧急工作。

接下来就是区分出必须自己完成的工作,以及可以委托给别人完成的工作。像收集资料和复印资料这些谁都能做的工作,应该尽可能地安排给别人。

然后在需要自己完成的工作中,应该从优先级高的工作开始处理。如果遇到即便烦恼也无济于事,不在自己管理范围之内的问题,就将其扔在一边不去管它。

比如将企划书交给上司审查后,自己就开始担心"上司对我的企划书会作出怎样的评价""那个部分我应该这样写就好了"。

因为自己无法掌控的事情而烦恼，完全是在浪费时间和精力。如果上司对企划书提出意见，到时候再进行修改就好了。

只要从最优先的工作开始逐一进行处理，那么原本以为不可能完成的堆积如山的工作也会逐渐减少，看到胜利的曙光。

判断工作优先顺序的矩阵

紧急度

	低	高
高	紧急度：低 重要度：高 **必须认真完成**	紧急度：高 重要度：高 **必须立即认真完成**
低	紧急度：低 重要度：低 **今后有时间的时候再做**	紧急度：高 重要度：低 **根据具体情况委托给别人**

重要度

根据我的经验，善于工作的人都是按照这样的方法切实地完成工作的。而且，他们绝对不会被负面的情绪所困扰。

麦肯锡的问题解决技术=情绪管理法

深受情绪问题困扰的我发现，在麦肯锡学到的问题解决方法也可以活用到情绪管理上。自从发现这一点之后，我自身发生了巨大的变化。容易出现负面情绪的人，绝不是因为自己与生俱来的性格或能力有什么问题。

将情绪问题看作是需要解决的课题。利用逻辑分析的方法将难以触摸的情绪变为能够解决的问题。只要坚持上述原则，任何人都可以成为情绪管理的专家。

接下来，我将为大家详细地说明麦肯锡的问题解决原则。

【麦肯锡的情绪管理基本原则1】
——找出真正的问题

假设A先生在工作中经常出现失误。为了解决这个问题，由B先生对A先生的工作进行二次检查。乍看起来这是个很正确的解决方法，但这个方法增加了B先生的负担，可能导致B先生的工作出现失误。

究竟A先生为什么经常出现失误呢？关键在于找出"真正的原因"并将其解决。

麦肯锡的员工常说一句话，那就是"不要打地鼠"。意思是像打地鼠一样疲于应对眼前的问题是无济于事的。比如一家企业，可能同时出现"销售额无法提高""难以开拓新市场""后备人才不足"等多个问题。

即便逐一去解决这些表面上的问题，但实际上也并没有从根本上解决问题。事实上，导致出现这些问题的根本原因可能只有一个，那就是"组织内的交流不畅"。这才是真正应该解决的问题。

如果不解决这个根本的问题，而是逐一去解决因此而产生的其他问题，随后还会出现新的问题。换句话说，只要解决了这个最根本的问题，那么因此而产生的其他问题也将迎刃而解。

情绪管理也是如此。当产生"愤怒""悲伤"等负面情绪的时候，关键是要对其有一个准确的把握。不能被表面的情绪所迷惑，而是要找出隐藏在其背后的问题和导致这种情绪产生的根本原因。

【麦肯锡的情绪管理基本原则2】
——把握问题的结构

那么，如何才能找出最根本的问题呢？关键在于把握问题的结构。麦肯锡问题解决方法的基本原则之一就是"把握问题的结构"。这是将问题可视化不可或缺的过程，简单来说就是将眼前发生的现象与导致现象产生的原因分别进行思考。

比如前文中提到的A先生工作失误过多的问题，就需要将出现失误这一现象和导致这一现象的原因分别进行思考。在列举出多个原因之后，搞清楚这些原因是以怎样的结构关联起来引发现象的。

通过与A先生进行交流以及观察A先生的工作过程等方法，可以发现A先生在工作过程中经常需要接客户打来的咨询电话以及接待来访的客户。也就是说，导致A先生经常出现失误的真正原因是"在其他工作上消耗了大量的时间和精力"。

当我们的情绪不稳定时，也不能只关注"愤怒""悲伤"等现象，还应该思考引发现象的原因。对多个原因进行深入的思考和分析之后，就能够找出引发现象的真正原因，也就是需要解决的真正问题。

【麦肯锡的情绪管理基本原则3】
——建立假设进行验证

在基本原则2把握问题结构的时候，需要将现象和原因区分开，并且列举出多个原因。但并不是所有的原因都必须解决。在原因之中，既有与现象具有决定性联系的，也有与现象关系不大的。

在解决问题时，优先顺序应该是从重要度最高的原因开始解决。麦肯锡的方法是先假设一个重要度最高的原因，然后对假设进行验证。

仍然以A先生为例，经过分析后不难发现，导致A先生经常出现失误的原因就是注意力无法集中。根据我们平时积累的经验和直觉，应该完全可以作出这种程度的判断。

但与此同时，可能还存在"A先生的工作能力不足""情绪不稳定"等其他的原因，所以需要对这些原因进行验证，如果验证后发现这些原因与A先生的失误都没有直接的联系，那么就可以得出结论"造成A先生出现失误的最大原因是注意力无法集中"。

那么通过改善A先生的工作环境，或者在A先生工作的期间安排其他人来接待客户和接电话，应该就能够减少A先生出现工作失误的情况。

接下来，就将进入思考具体解决方案的阶段。

【麦肯锡的情绪管理基本原则4】
——提出解决方案"空—雨—伞"理论

将问题分解、验证之后，就需要提出最合适的"解决方案"。这个时候就需要用到麦肯锡的"空—雨—伞"思考方法。"空"指的是"现在处于什么状态"，也就是事实；"雨"指的是"这个状态有什么意义"，也就是对状态的解释；"伞"指的是"应该采取什么行动"，也就是解决方案。

前面提到的基本原则1就相当于"空"，而基本原则2和3则相当于"雨"。继续以前文中提到的A先生的情况为例，"空"就是A先生连续出现失误这种状态。"雨"则是通过对问题结构的把握、分析以及验证，发现导致失误的原因是没有人帮助A先生分担工作，所以他的注意力难以集中。"伞"就是提出重新安排工作任务的解决方案。

这种思考方法在情绪管理上也十分有效。首先，客观地把握现在的情绪状态（空）；然后，思考这种情绪是如何产生的，

找出真正的原因（雨）；最后，决定应该如何应对（伞）。通过
"空—雨—伞"的思考方法，可以将难以触摸的情绪转变为应
该解决的问题，自然地导出解决方案。

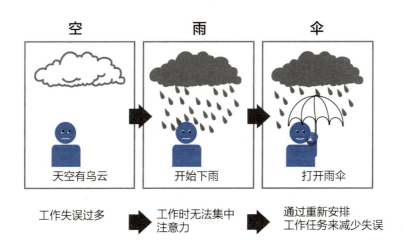

利用"空—雨—伞"理论导出解决方案！

空　　　　　　雨　　　　　　伞

天空有乌云　　开始下雨　　　打开雨伞

工作失误过多　工作时无法集中　通过重新安排
　　　　　　　注意力　　　　　工作任务来减少失误

逻辑思考的基本——问题分解

不要将情绪的不稳定单纯地看作是情绪问题，而应该将其看作能够解决的逻辑问题。这就是情绪管理的关键。要想做到这一点，麦肯锡的思考框架能够为我们提供巨大的帮助。

除了前文中介绍过的问题解决的4个基本原则之外，还有一种通过将事物分解为两部分来提高思考效率的分解思考方法。有些人思维混乱，会让看不见摸不着的情绪变得更加复杂，这大多因为是没有掌握这种分解思考的方法。接下来，我就将通过具体的例子来为大家进行说明。

1.区分"自己的问题"和"他人的问题"（课题的分解）

本来是他人的问题，却以为是自己的问题，结果白白浪费了精力。这样的情况在职场和生活中时有发生。

比如，你为帮助某个人在工作上付出了许多时间和精力。你以为自己付出了这么多，对方一定会很感激你。但令你意外的是，对方非但没有感谢你，甚至对你没有表现出丝毫的好感。你不由得感到十分气愤，认为对方是个"不懂得感激的家伙"。

但请冷静地思考一下，对方怎么想完全是对方自己的问题。想要改变他人的想法是不可能的。

就算你确实是为对方着想，并且实际上给了对方很多帮助。但对方是否买你的账是他的自由，不能因为你做了对方就一定要感谢你。

区分"自己的问题"和"他人的问题"

上司是不是讨厌我？

缺乏条理的人	分解问题的人
· 应该怎么做才好？（焦虑） · 为什么讨厌我？（愤怒） · 我明明都这么努力了（悲伤） · 我今后得不到重用了（恐惧） · 我完蛋了（消沉）	· 我已经尽力做到了最好，接下来别人怎么想都和我没有关系 · 就算被上司讨厌也不是世界末日 · 总之先做好自己力所能及的事情

假设你的上司不知为何阴沉着脸。你可能会担心这是自己的原因，焦急地心想："我应该怎么办？""必须做点什么才行。"但上司之所以阴沉着脸，可能只是因为早晨出门之前和家人吵了架，或者是身体感觉不太舒服，不一定是由于你的原因。

正如前文中提到过的那样，我自己也曾经不知道如何与整天显得烦躁不安的上司相处，结果搞得我和他之间的关系十分紧张。

后来我发现烦躁不安只是上司的习惯性表现，我不必为此过度紧张。"焦躁不安完全是对方的问题"。通过将自己与他人的问题区分开，我不再被上司的情绪影响，结果我和上司之间的关系也变得融洽起来。

他人的判断和情绪完全是他人的问题。区分"自己的问题"和"他人的问题"是防止自己出现负面情绪的秘诀。

总是感情用事、不是一言不发就是暴跳如雷的人，如果能够下意识地区分"自己的问题"和"他人的问题"，就能帮助自己变得冷静下来。

2. 区分"能控制的"和"不能控制的"

有些问题，不管再怎么烦恼也没办法解决。就好像下雨的时候，不管你再怎么希望天气转晴也无济于事。想让一天变成30小时也是不可能的事情。任何人都无法改变自己的出身和家庭。

如果因为纠结于这些自己无法控制的事情而导致负面情绪出现，那完全是浪费精力。善于管理情绪的人，都不会因为这些自己不能控制的事情烦恼。

比如因为上司不喜欢自己，就希望上司被调去别的部门，但实际上这种愿望根本无法实现。任何组织和企业，一般都是由上司来挑选部下，而不可能让部下来选择上司。

与其因为和上司之间的关系不好而烦恼，不如思考应该怎么做才能改善和上司之间的关系。具体来说，可以通过对上司仔细观察找出他的"雷区"，然后注意不要踩进去就好。如果发现只要认真地和他打招呼就能获得他的好感，那就每天都认真地和他打招呼。如果上司要求部下在开始行动之前先向他汇报和确认，那就千万不要忘记这一点。

如果总是觉得对方"很讨厌",那就永远也无法从这种情绪之中解脱出来。与其这样自己折磨自己,不如通过具体的行动来改变现状,让自己也能轻松一点。

史蒂芬·柯维在其著作《高效能人士的七个习惯》中给出的建议是,"努力改变能够改变的,坦然接受不能控制的"。

只要让自己不再被那些不能控制的事情所烦扰,你会发现自己的工作和人生一下子都变得非常清爽与舒畅。

3. 区分"优先顺序高"和"优先顺序低"

明确目的和优先顺序也是情绪管理必不可少的逻辑思考方法。我所认识的那些优秀的商务人士,无一例外都有明确的目的意识,能够准确地区分出优先顺序。

只要拥有明确的目的意识,自然就会知道为了实现目标应该做什么。能够区分什么是必须完成的,什么是必不可少的,什么是多余的、没有必要的。这样一来在行动时就不会迷茫,保证效率。

上司讨厌自己,同事不喜欢自己,部下不听自己的话……工作中难免会遇到各种各样的问题。但在这些问题中,绝大多数都是与达成工作目标没有直接关系的问题。

比如你的目标是取得优秀的业绩，那么为了实现这个目标都应该做些什么呢？

最优先要做的是在维护现有顾客的同时开拓新顾客。而办公室人际关系以及因此而产生的情绪问题的优先顺序则没那么高。

既然如此，就不应该在这些问题上花费太多的精力。因为这样会影响你实现最重要的目标。适当地有所取舍，明确工作的重点，是情绪管理的重中之重。

也就是说，情绪管理的秘诀就在于时刻明确自己的目标，以及能够区分出哪些事情对实现目标来说非常重要，哪些事情无关紧要。

4. 判断问题出现的概率以及可能造成的损失

当我们感觉焦躁和愤怒的时候，往往还伴随着不安与恐惧。有时候乍看起来以为是愤怒的情绪，事实上其根源很有可能是不安和恐惧。

不安和恐惧是对于生存来说非常重要的情绪。不安和恐惧能够帮助我们发现和躲避危险。

但如果不安和恐惧过于严重，可能会导致我们注意力无法集中，难以进行工作，更进一步恶化甚至会导致焦虑症等心理疾病。

那么，要怎么做才能避免出现过度不安和恐惧呢？

首先可以先思考一下出现导致不安情况的概率。

比如飞机失事。飞机一旦失事，那么乘客生还的可能性非常低。但飞机失事的概率也非常低，大概从东京到纽约来回125000次才可能出现一次。如果这么想的话，对搭乘飞机就不必有过度的恐惧了。

还有一个方法就是思考一旦产生风险可能会造成多少损失。那些容易被不安困扰的人，往往会过分夸大可能出现的损失。

我以前因为总是被上司批评而感到非常不安，认为自己必须采取对策才行。

为什么我会这么在意上司的态度呢？因为我认为如果被上司讨厌，自己可能就会得不到重用，甚至可能会被炒鱿鱼，所以对此深感恐惧。

但仔细想一想，就算被上司讨厌，我也不至于在公司里完全混不下去，工资就算少点也不至于一分都拿不到。也就是说，结果根本不像我想得那么可怕。

不安和恐惧是任何人都可能产生的情绪。当产生这些情绪的时候，关键在于不要任由其发展壮大。因此需要冷静地对风险以及可能出现的损失进行分析和判断。有时候你会意外地发现，自己现在担心和害怕的事情其实只是毫无根据的幻想。

5. 区分"事实"与"判断"

导致问题复杂化的原因之一，就是将"事实"与"判断"混为一谈。比如，你可能觉得"我们公司的晨会非常无聊、时间还长，应该取消"。

但这真的是客观的事实吗？不管是"无聊"还是"时间长"，可能只是你个人的感觉，也就是所谓的"判断"。而对他人来说，晨会可能并不无聊，而且时间也不长。

当感觉愤怒、焦躁或者不安、恐惧的时候，首先应该搞清楚导致这些情绪产生的原因究竟是客观的事实还是自己的感觉与意见。

麦肯锡情绪管理法

　　区分"事实"与"判断"，对我们日常的工作也很有帮助。比如向上司汇报工作的时候，就必须将事实和判断分别汇报。

　　假设你向上司汇报客户对本次项目的计划，"A社因为资金短缺而且似乎打算退出这次的项目"。但对上司来说，他无法分辨资金短缺究竟是事实，还是你的判断；也难以判断A社打算退出项目究竟是你的判断，还是真正的事实。

　　所以身为部下，在汇报工作的时候应该同时提供出客观的数字或证据。反之，如果你是上司，那么就必须能够分清楚部

区分"事实"与"判断"

> A社因为资金短缺，似乎打算退出这次的项目

> A社的资金确实不充足，这是"事实"……

> 但退出这次的项目属于部下的"判断"……

部下　　　　　　　　上司

下汇报的内容究竟是事实，还是部下的判断和推测。

6. 区分"问题"与"情绪"

区分"事实"与"判断"的进一步发展就是区分"问题"与"情绪"。假设你的部下因为工作效率低而未能按时完成工作，而你因此大发雷霆，"连工作都不能按时完成你还来上什么班"，那这就是感情用事。正确的做法应该是将"没能按时完成工作"这个问题和"不能容忍这种事情发生"的情绪区分开，针对问题冷静地思考"为什么部下没能按时完成工作"。虽然在这种情况下产生愤怒的情绪也是情有可原的，但更重要的是解决实际的"问题"。

在区分"事实"与"判断"的基础上再区分"问题"与"情绪"。只要能够做到这一点，你就能掌握情绪管理的方法。

7. 区分"真问题"和"伪问题"

使你感到烦恼、导致情绪不稳定的问题，真的是值得烦恼的问题吗？以前我总是看上司的脸色，其实这就是因为不值得烦恼的事情而烦恼的反面案例。

人很容易因为一些并不重要的琐事而扰乱心神。而这些看起来像是"真问题"但实际上却并不需要解决的问题，我姑且将其称为"伪问题"。

　　"伪问题"原本的意思是由于假设和前提错误，导致根本不存在答案的问题。比如"兔子头上有几根角"这个问题，因为兔子根本就没有角，所以这就是个"伪问题"。

　　在这里我将"伪问题"的含义引申一下，用来表示"看起来好像有问题，但并非真正的问题"。从这个意义上来说，在我们的身边充斥着大量的"伪问题"。

　　假设你的朋友问你："我想减肥，去A和B哪个健身中心好？"这是真正的问题吗？想减肥，也就是"想减轻体重"，最本质的目的是"想要健康"。

　　那么，真正的问题应该是"想要健康的话应该怎么做"。而针对这个问题的回答则是"做一个全面的体检"或者"注意饮食、多运动"等。

　　我们在日常工作中也常常会被"伪问题"困扰。比如有的人在制作企划书的时候总是会因为版式的问题而苦恼，做PPT的时候总是要想尽一切办法多放几张图表进去。

事实上，真正重要的并不是版式，而是内容。但我们却总是在思考如何将图片做得更漂亮，如何将版式做得更完美，拘泥于形式。

这也可以说是一种"伪问题"。将精力浪费在多余的事情上，很容易导致我们产生烦恼等负面情绪。

我们应该如何区分"伪问题"和"真问题"呢？

区分"真问题"和"伪问题"

最近感觉自己胖了，A和B两个健身中心我应该去哪一个？

朋友

如果是出于健康的目的想要减肥，那应该先检查一下身体，而不是直接去健身中心。

你

答案也很简单，那就是我在前面提到过的"准确把握工作的目的"。以工作的目的为基准，就能够判断出自己面对的究竟是"真问题"还是"伪问题"。

越是优秀的商务人士越是坚持"将思考简单化"

情绪管理必不可少的就是逻辑思考。通过逻辑思考，可以让乍看起来一片混沌的问题变得清晰起来。将问题可视化是解决问题的第一步。

就像我在前文中多次提到过的那样，工作能力优秀的人都是能够利用逻辑思考设定问题并加以解决的人。

在本章中，我为大家介绍了逻辑思考的具体方法——"问题分解"。具体包括区分"自己的问题"和"他人的问题"、区分"能控制的"和"不能控制的"、区分"事实"与"判断"、区分"真问题"和"伪问题"……

如果用一句话来概括，那就是"将思考简单化"。优秀的商务人士无一例外都懂得简化思考。通过将思考简单化可以作出更准确的判断，明确什么事情是应该做的，确立优先顺序。只要能够做到这一点，即便是乍看起来难以触摸的情绪问题，也能够轻而易举地解决。

第四章

负面情绪也能被加以利用

将情绪与工作成果相结合的实践技巧

坦然地接受负面情绪

在上一章中，我为大家介绍了情绪管理的基本框架。在本章中，我将以这些框架为基础，针对情绪管理中不可或缺的自我分析方法进行解说。具体来说，就是用逻辑思维的方法来认知自己的偏见和个人价值观。

我在前文中提到过很多次，情绪管理的大前提是必须准确地认识并坦然地接受自己的情绪。

情绪管理并不是抹杀或压抑负面的情绪。

人类的情绪并没有好坏之分。正如我在前文中提到过的那样，我们产生的情绪，是人类为了应对不同的状况和环境而准备的本能反应。特别是"恐惧"和"不安"等情绪能够帮助我们发现和躲避危险，是自我保护的重要本能。

也正因为拥有情绪，我们才能够度过丰富多彩的人生。所以我们应该让所有的情绪都充分地发泄出来，并且坦然地接受。

喜悦、悲伤、愤怒、消沉……在充分地体会这些情绪之后，再让其自然地消散，然后迎接下一个情绪的到来。可以说，正因为我们的情绪在不断地交替变化，我们才能够保持精神的健康。

但是如果对情绪过于执着，将这个情绪一直保留，或者故意压抑某种情绪，不让其发泄出来，这些本应该自然产生并消散的情绪就会长期滞留在我们的心中，就会变成不好的沉淀物，好像一潭死水散发出腐臭的气味。

尤其是恐惧、不安、愤怒、嫉妒、憎恨等负面情绪，一直保留这样的情绪没有任何好处。

优秀的人都很擅长接受与释放情绪

为了不让情绪滞留在内心之中，就不能固执于某种情绪，而是要让其自然消散，然后迎接下一个情绪的到来。要想做到这一点，首先需要客观地把握自己的情绪。

比如你现在感觉很愤怒。那么在这个时候，首先你要承认愤怒的情绪，自己对自己说"我现在感觉很愤怒"。请将情绪看作是一个总是希望得到主人认可的小孩子。

你要让情绪知道"我很清楚你的存在"。这样一来，情绪就会安心地消散。如果你总是否定或者故意无视某种情绪，那么这个情绪就会为了得到主人的认可而一直赖着不走。这种情绪会隐藏在潜意识之中，或者转化为"不安"和"愤怒"，改变一种模样再次出现。

如果你因为失恋而感到悲伤，首先不要压抑悲伤的情绪，而是应该承认悲伤，并且沉浸在悲伤的情绪之中。当你充分地体会了某种情绪之后，情绪就会得到升华。有时候，欣赏一部描写拥有同样遭遇的主人公的电影，让自己痛痛快快地大哭一场也是个很不错的方法。

我所认识的那些优秀的商务人士，都不会压抑自己的情绪，而是将喜怒哀乐坦率地表现出来。这反而使他们显得很有人情味，更能够得到周围人的信赖。

他们能够接受自己产生负面情绪。虽然有时候也会愤怒或消沉，但他们绝不会被这种情绪束缚，而是在充分地体会情绪后让其消散，总是带着积极的态度去迎接下一个挑战——他们的人际关系和工作自然都变得非常顺利。

　　情绪管理不是压抑和抹杀负面情绪，而是接受所有的情绪，并让其消散；或者是充分地体会情绪，使其升华。这种接受与释放正是情绪管理的精髓。

了解自己的"引爆点"

　　接下来的关键就是准确地认识"内心的偏见"。任何人在内心之中都或多或少地有一些偏见。我们因为幼年时接受的教育，在潜移默化中形成的个人价值观也是偏见的一种。

　　首先我们需要审视自己，了解自己"内心的偏见"。这样在产生某种情绪的时候，我们就会知道"这是我内心的偏见所导致的"或者"这是我思考的习惯所导致的"，从而使自己变得冷静下来。

　　要想找出自己"内心的偏见"，最快的方法就是思考自己对什么事情比较在意，或者对什么样的话会产生反应。这也就是所谓的"引爆点"。

比如有的人对"不遵守约定"的行为会产生强烈的厌恶感。这可能是因为他在小时候被父母教育"一定要遵守约定"。

这样的人除了自己一定会遵守约定之外，对于他人不遵守约定的行为很容易产生愤怒和厌恶的负面情绪。对于这样的人来说，"不遵守约定"就是导致其情绪爆发的引爆点。

发现引爆点的测试方法

或许已经有读者意识到了，引爆点其实就是个人价值观的外在表现。自己一直以来的思考方法和价值基准，直接以引爆点的形式表现出来。

但如果我们能够事先知道自己的这种情况，就能够对情绪失控防患于未然。

首先利用第90页中介绍的个人价值观检查表来把握自己的引爆点和内心的偏见，将自己最先想到的内容填写在空格处。

全部填写完毕后，自己再阅读一遍这个检查表。"人际关系中最重要的是……""绝对不能做的事情是……""感觉最丢人

麦肯锡情绪管理法

个人价值观检查表

1. 这个世界上最重要的是

2. 人际关系中最重要的是

3. 生命中最重要的是

4. 绝对不能做的事情是

5. 最丢人的事情是

6. 家人是

7. 结婚是

8. 工作中最重要的是

9. 工作中绝对不能做的事情是

10. 人生中有价值的是

11. 最不能容忍的人是

12. 最开心的事情是

13. 最难过的事情是

**通过填写这份检查表来把握你的个人价值观，
发现导致负面情绪的引爆点**

的事情是……"，通过这些内容应该就能够发现自己的信条和思考方法。

　　客观地把握自己在意的事情和思考的习惯非常重要。如果能够做到这一点，那么当你产生某种情绪的时候，就能够冷静地作出"我之所以会出现这种情绪是因为触及了我的引爆点"之类的判断，从而极大地减少感情用事的情况。

　　综上所述，客观地把握自己的价值观是情绪管理中必不可少的前提条件。

将自己的情绪写出来

　　要想客观地了解自己，将自己的心境和情绪写出来是一个非常有效的办法。通过将情绪写出来，可以使自己的情绪对象化，让自己和自己的情绪之间保持一定的距离。

　　最简单的方法就是将自己的情绪或烦恼直接写出来。自己在意的事情、心烦意乱的情绪等，什么内容都可以，只要是想到的就全都写出来。

　　我将这种方法称为"畅爽清单"。只要将烦恼和焦虑写出来就能使其大幅度地得到缓解。即便是不擅长写文章的人也可以尝试这种方法，只要简单地逐条罗列出来就好。

　　除了这种最简单的方法之外，接下来我将为大家介绍更多将情绪写出来的方法。我自己有时候会根据具体的情况选择其中一种或者多种组合使用，从而准确地把握自己的情绪变化。将情绪在纸上写出来，然后对其作出客观的分析，就能够使自己变得冷静下来。多亏了这种方法，我终于改掉了容易感情用事的毛病，现在变得沉稳了不少。

　　接下来我就将为大家具体地介绍这些方法。

1. 冷静分析情绪的"逻辑分析笔记"

　　首先，需要准备一个A4大小的笔记本。在左侧页面写上日期和发生的事情。比如"今天被上司训斥'我交给你的任务怎么还没完成'"。

　　再在下面写出当时的情绪，"太过分了""令人生气""很难过"……

　　将情绪写出来之后，再将自己感到"难过"、感到"生气"

的原因写在下面。

"眼看那项工作任务就要完成了，结果却被这样说，真令人生气""我明明很努力地在做了，上司一点也不理解我，真让人难过"。

然后，再针对这些原因进行更加深入的思考，比如"对看不到自己辛苦付出的上司感到愤怒和失望""对上司不认可自己的成绩感到不安""长此以往自己恐怕没有升职的可能，这种担心和不安变成了愤怒"。这样就能发现自己的情绪其实不仅仅是愤怒，其中还隐藏着各种各样的情绪。

最后，用"So what"（这样做的目的是什么）和"Why so"（为什么这样做）对情绪进行深入的思考。

当对情绪进行自我分析的时候，"So what"（这样做的目的是什么）和"Why so"（为什么这样做）是非常有效的两个框架。

这也是麦肯锡问题解决方法的基础，通过不断地自问自答，使逻辑变得更加缜密和牢固。

假设现在的问题是"必须通过营销来获得新顾客"。那么通过思考"So what"（这样做的目的是什么），就会发现"通过

麦肯锡情绪管理法

逻辑分析笔记

20××年×月×日
今天被上司训斥"我交给你的任务怎么还没完成"。

太过分了！令人生气！
很难过！

眼看那项工作任务就要完成了，结果却被这样说，真令人生气；我明明很努力地在做了，上司一点也不理解我，真让人难过。

对看不到自己辛苦付出的上司感到愤怒和失望；
对上司不认可自己的成绩感到不安；
长此以往自己恐怕没有升职的可能，这种担心和不安变成了愤怒。

写出日期和发生的事情

写出当时的情绪

写出产生上述情绪的原因

在接到工作任务时向上司说明自己的状况；
接受工作任务后将其作为"自己的工作"承担起责任。

在右侧页面写出解决办法

通过重复"So what"（这样做的目的是什么）和"Why so"（为什么这样做）对原因进行更加深入的思考

获得新顾客来提高销售额"，然后再思考"Why so"（为什么这样做），就会发现"通过提高销售额来保证公司的利润"。

这样一来我们就发现了更加接近本质的课题："如果提高公司整体的利润是最终目的，那么有没有其他的改善点呢？"

在逻辑分析笔记的左侧进行一定程度的自我分析之后，接下来就可以利用"So what"（这样做的目的是什么）和"Why so"（为什么这样做）在右侧页面上写出解决办法。比如"在接到工作任务时向上司说明自己的状况""接受工作任务后将其作为'自己的工作'承担起责任"。

将自己在职场产生的情绪都如实地记录下来，在思考导致这些情绪产生的原因的同时思考解决办法。这也相当于一种将情绪变为有待解决的问题的训练。

通过将情绪可视化，可以使自己把握情绪的内在情况，然后利用逻辑思考来找出对情绪问题的解释和解决办法。逻辑分析笔记也是对自己情绪和问题解决的宝贵记录，日后可以当作情绪管理的实践记录来使用。

2. 清除心灵污垢的"清洁笔记"

逻辑分析笔记是通过逻辑思考将情绪变为能够解决的问题。而我为大家介绍的第二种笔记——"清洁笔记"则是直接对情绪进行处理的方法。

首先在笔记本的左侧页面写出自己的情绪。"今天在地铁上遇到了一个蛮横的乘客,真让人生气""到公司后上司一如既往面无表情地看手机,打招呼也不回应,真让人生气""部下没跟我汇报就擅自去见客户了,到底想干什么"。像这样将自己想到的内容全都写出来,即便包含负面的内容也没关系,总之就是将情绪如实地记录到笔记本上。

在这个时候,我会用黑色的笔来进行书写。用黑色的笔将情绪充分地发泄完毕之后,合上笔记本,喝点茶或者其他的饮料,做深呼吸让心情平静下来。因为在情绪发泄的时候很容易感情用事,所以让自己冷静下来这个过程非常重要。

当心情平静下来之后,再次翻开笔记本。现在的你已经处于冷静客观的状态,接下来就由现在这个冷静客观的自己向之前那个充满愤怒和悲伤等负面情绪的自己提出建议。

"到公司后上司一如既往面无表情地看手机，打招呼也不回应，真让人生气。"

→"上司总是那副样子，没办法。不管上司什么态度我都应该坚持打招呼，总有一天上司会回应的。"

"部下没跟我汇报就擅自去见客户了，到底想干什么！"

→"现在的年轻人不管什么事都要向上司确认，这个部下自主性比较强，或许也是件好事。应该认可他的优点，让他充分发挥自己的长处。"

"你之所以感到生气是觉得自己毕竟身为上司不应遭到无视，完全是出于狭隘的自尊心。"

在提出建议的时候，要把自己想象成管理顾问或专家。在这个时候可以换另一种颜色的笔来书写。红色或蓝色都无所谓，只要是自己喜欢的颜色就好。顺带一提，我喜欢用粉色的笔来写。

这种一人分饰两角的方法具有非常特别的意义。一个人充分地将情绪宣泄出去，而另一个人则冷静地站在对方的角度进行思考。通过将这两个角色都写出来，可以帮助我们发现自己

清洁笔记

·到公司后上司一如既往面无表情地看手机，打招呼也不回应，真让人生气。

·部下没跟我汇报就擅自去见客户了，到底想干什么！

在左侧页面写出自己的情绪

先合上笔记本，让自己的心情平静下来

·上司总是那副样子，没办法。不管上司什么态度我都应该坚持打招呼，总有一天上司会回应的。

·现在的年轻人不管什么事都要向上司确认，这个部下自主性比较强，或许也是件好事。应该认可他的优点，让他充分发挥自己的长处。

·你之所以感到生气是觉得自己毕竟身为上司不应遭到无视，完全是出于狭隘的自尊心。

再次翻开笔记本，用自己喜欢的颜色从客观的角度写出对自己的建议

内在的两个不同的侧面，而由冷静的自己去安慰感情用事的自己，也有助于我们提高自己情绪管理的能力。

3. 让无法平复的情绪平静下来的"净化仪式"

有时候，情绪会像龙卷风一样翻滚盘旋，让我们难以冷静下来。如果强行压抑这种情绪，被压抑的能量会以另外的形式喷涌而出。结果导致我们的精神出现混乱，还可能导致头疼、肩酸等身体的不适。

如果情绪过于强烈，正确的做法并不是压抑，而是正面接受，使其升华。在这种情况下，举行某种"仪式"十分有效。

我推荐大家一个方法：

第一步，准备一张纸。我一般会选择有一定的柔韧度而且易燃的和纸。因为在书写的过程中要任由情绪宣泄，所以纸张需要具有一定的柔韧性以免被撕裂。和纸虽然价格不菲，但在这种时候千万不能太小气。

第二步，将自己的情绪以宣泄的形式写在纸上。"混蛋！""可恶！"……平时说不出口的那些脏话都可以写出来。等宣泄完毕之后，这张纸上就充满了你发泄的负能量，所以绝对不能把它就这样留在自己的身边。

接下来就是第三步，将这张纸揉成一团，然后在厨房的水槽里放一个烟灰缸，接着将纸团放在烟灰缸上用打火机点燃，让其烧成灰烬。最后将灰烬倒进马桶里冲走。

这样一来，自己写下的那些污言秽语和激烈的情绪都会随着纸团的燃烧一起烟消云散。火焰拥有一种神秘的净化力量。将写有负面情绪的纸团用火焰烧成灰烬的过程拥有极强的象征意义。负能量变成一股轻烟升腾消散，就像情绪得到了升华。

如果你被强烈的情绪和负面的情绪所困扰，不妨尝试一下这种方法。但点火的时候一定要注意安全。如果自己家有院子或空地的话，最好在外面点火。如果实在没有能够安全把纸烧掉的地方，用碎纸机来处理也可以。

4. 开阔视野的"假设思考法"

这种方法是通过改变自身视角使视野变得更加广阔的方法。首先建立"如果我是……的话""如果我做了……的话"之类的假设，然后将自己会采取什么行动逐条列举出来。

比如首先假设"如果我只剩下1年的生命"，然后将自己要采取的行动都写下来。

　　"将存款全都花光"

　　"将自己的人生经历都写出来"

　　"向喜欢的人表白"

　　"将时间都投入到兴趣爱好上"

　　"环游世界，走遍每一个想去的地方"

　　…………

　　写什么都可以。如果觉得这个主题太沉重了，也可以假设"如果我是经理的话会喜欢什么样的部下呢？""如果公司突然宣布裁员的话我该怎么做？""如果公司突然对我委以重任的话我应该怎么做？"……

　　通过建立各种假设，可以思考之前自己从没思考过的状况，发现自己一直没有发现的问题。

　　这种方法还可以用来与那些自己一直很讨厌很对立的人进行换位思考。比如假设"如果我处于那位上司的立场的话会怎么想呢"，或许就能理解上司的心情和想法。

　　通过与对方进行换位思考，可以降低出现负面情绪的概率，更加冷静地应对各种状况。

通过想象法来提高集中力和积极性

有时候即便没有出现负面情绪，但也可能会有无法集中精神或者提不起干劲之类的情况。在遇到这样的问题时，不妨尝试一下"想象法"。

所谓想象法，就是在每天早、中、晚（睡觉前）各拿出1分钟左右的时间，想象一下自己实现目标之后的情景，包括当时自己的表情和言行、周围人的反应、周围的光景，甚至声音和气味都尽可能具体地想象出来。

想象的力量远比我们以为的更加强大。如果我们能够将场景明确地想象出来，那么我们的身体就会无意识地开始行动。这样就会发生我们意想不到的事情，让自己朝着实现目标的方向前进。

我自己就亲身经历过好几次通过明确想象，结果非常幸运地使事情顺利进展的情况。

顺带一提，想象未来情景的时候，将目光转向右上能够更进一步提高想象力。脑科学的研究发现，当我们回忆过去的事情时会无意识地将目光转向左上，而想象未来的情景时则会无意识地将目光转向右上。

之所以会出现这种差异，是因为我们左右脑的工作原理不同。如果能反过来利用这一点，下意识地将目光转向右上，那么就可能提高我们的想象力。

帮助管理情绪的4个步骤

在前文中，我对情绪管理的实践方法及其关键点进行了说明。接下来我将以这些关键点为基础，对情绪产生时应该采取怎样的对策以及对策的顺序进行更加详细的解说。在解说的过程中，我将引用第二章和第三章中介绍过的思考方法与框架，对情绪管理的顺序进行梳理。

Step1 客观把握并承认自己的情绪

第一步，是要客观地把握自己的情绪。情绪没有善恶之分，也没有价值上的好坏区别。不管是喜怒哀乐还是憎恨与羡慕，要接受产生的情绪，有的情况下还应该对情绪进行充分的体会和品味。

人们对负面情绪往往容易产生抵触的情绪，不愿承认其存在。但这样做是错误的，应该客观地把握自己的情绪，并且承认其存在，比如"我现在非常生气""我在嫉妒那家伙"。

有时候还可以试着将情绪写在纸上。仔细倾听情绪的低语，将情绪的低语都写出来变成文字。通过将情绪可视化，可以使意识变得更加鲜明，更有助于我们对自己的内心进行分析。

Step2 分析情绪产生的真正原因

正确认识自身的情绪之后，接下来就需要分析这种情绪是如何产生的。愤怒的情绪究竟是如何引起的？隐藏在愤怒背后的可能是"不安"和"恐惧"等情绪。

要想将剪不断理还乱的情绪搞得清楚明白，反复思考"So what"（这样做的目的是什么）和"Why so"（为什么这样做）是个很有效的办法。

在这个时候，也可以将思考的内容写出来。比如"难道说，我感到愤怒的根本原因是嫉妒那家伙比我业绩好，而且更受上司赏识""或许我愤怒的根本原因是害怕上司对我评价不高，导致我将来可能会被炒鱿鱼的不安"。这样，可以使思考更加深入。

Step3　将情绪变换为"课题"

当我们在一定程度上搞清楚情绪产生的原因之后，就能够将这种情绪从单纯的"烦恼"转变为能够解决或有待解决的"课题"。而在此之前，需要对状况进行逻辑分析。

比如我们由于工作上的失误遭到上司的责备，因此感到"愤怒"。事实上在愤怒情绪的背后，隐藏着担心上司对自己的评价降低的不安以及可能因此被解雇的恐惧。

为了让思考更加深入，我们可以采用第三章中介绍的"分解"思考法。当自己出现工作失误，被上司训斥的时候，一味地懊恼"我当时要是注意点就好了""我为什么会那样做"也无济于事。虽然想办法让自己不再犯同样的错误也很重要，但过去的事情已经无法改变。所以这属于"不能控制的问题"，是

只会给自己平添烦恼的问题。

而对于"上司对自己的评价降低"这种不安，通过进行"自己的问题"和"他人的问题"的分解就会发现，如何作出评价是上司的事，属于现阶段自己无法控制的问题。

接下来再对"可能遭到解雇"的恐惧进行分析。如果上司对自己的评价降低，自己将来确实有可能被要求调整岗位，离开这个部门。但公司里并非只有这一个上司和这一个部门，总会有适合自己的部门。况且这个问题并不会导致自己立刻被解雇。

因为现在的上司对自己的评价有所降低，就感觉自己一无所有，只是反应过度罢了。

进行上述分析后就会发现，导致自己对上司产生"愤怒"的根本原因"不安"和"恐惧"，其实都是毫无根据的过度反应。

Step4 找出"课题"的解决办法并执行

最后一步是进行更加深入的逻辑思考，为了今后缓和与上司之间的关系找出应该解决的更高层次的"课题"。

　　因为自己出现工作失误，上司对此进行了提醒，自己就出现不安和恐惧。导致这种情况的根本原因是什么？是自己与上司之间的"关系的质量"太低。

　　如果自己和上司之间建立起充分信赖的关系，那么就算被上司训斥几句，自己也不会感到不安和恐惧。上司也不会一味责备你，而是会和你一起想办法如何避免今后再次出现同样的问题。

　　工作中难免会出现失误，出现失误时最正确的做法是思考如何进行改善。而自己和上司之间之所以没能实现这种交流，最本质的原因还是"关系的质量"太低。

　　相互之间建立起充分信赖的关系——这才是最应该解决的"真正课题"。

　　关于"关系的质量"我将在第五章中为大家做详细的说明，大家可以先简单地理解为以建立起"尊重每个人的个性，拥有共同价值观的关系"为目标。要想实现这个目标应该怎么做呢？首先应该了解对方的个性，并且互相尊重，也就是自己先努力去了解对方，站在对方的角度思考。

　　然后提出具体的课题，比如"每周一次与上司一起吃午饭""观察上司的行动，分析上司的表情、言行与情绪变化之间的关系""了解上司的个人价值观和内心的偏见"等，接下来逐一执行。

情绪管理首先要接受情绪，然后利用逻辑思考的框架进行分析，将其变为能够解决的课题。只要将情绪变为课题，那么就可以说已经成功了一半。

在下一章中，我将针对人际关系和团队的情绪管理法进行更加详细的说明，并为大家介绍一些具体的技巧。

第五章

通过改变关系来提高工作效率

团队的情绪管理法

关键在于满足对方的被认可欲

在前面的内容中，我主要介绍了如何管理自己的情绪。在本章中，我将为大家介绍在实际的工作现场如何与他人和团队建立起融洽的关系。

从自身的情绪管理到与他人进行接触，在这个过程中，情绪管理法又有怎样的实践应用呢？接下来我就为大家介绍具体的方法。

善于管理自己情绪的人，也都很善于与他人进行交流。因为如果与他人的交流不顺利，那么很容易给自己造成压力，导致出现负面情绪。

反之，交流能力强、与大多数人都能够保持良好关系的人，自然压力就很少，情绪也更加稳定。

交流的基本就是接受对方。在这个时候需要注意的是，交流并不意味着要得出正确的结论。

A先生："我有个上司很讨厌。总是磨磨叽叽地提醒我一些小事。"

B君："提醒你是上司为你好，就算小事可能也很重要。"

A先生："你说得也有道理。"

B君："要是自己不改正，很难和上司搞好关系哦。"

虽然B君说得没错，但交流不一定是为了寻找解决办法。A先生向B君发牢骚或许不是为了寻求帮助，只是希望能够引起共鸣。

与需要尽快得出结论的会议不同，在日常对话和工作交流中，寻求共鸣的情况远远多于寻求解决办法的情况。所以在交流时应该首先表示与对方有共鸣，比如"那可真辛苦呢""你的心情我十分理解"。

每个人都有被认可欲，所以交流的基本就是满足对方的被认可欲。交流的关键不在于得出正确的结论或提出解决办法，而是与对方产生共鸣。

但这件事说起来容易做起来非常难。越是认真的人，越不容易做到这一点。认真的人在交流时总是会不由自主地说出正

确的结论，或者认为自己必须提出解决办法。虽然这样做都是
出于好意，却有点操之过急。

　　还有一种人，总是想证明自己比对方地位更高。这种人在
潜意识的管理下会通过否定对方来确立自己的优势地位。

　　没有人愿意自己遭到否定。如果遭到对方的否定，没有人
会心甘情愿地说"是，您说得对"。绝大多数人都会反驳说"你
才是……""你说得不对……"。这样与人交流的话，要想建立起
好的人际关系是非常难的。

打开对方心扉的"倾听"技巧

　　要想和对方产生共鸣，满足对方的被认可欲，最重要的一
点就是"倾听"。仔细倾听对方说的每一句话，恰到好处地随声
附和"原来如此，然后呢？""后来怎么样了？"，引导对方将心
里话全都说出来。

　　一味地否定对方说的话肯定不行，而像个评论家一样评论
对方说的话也是错误的做法。如果对方刚一开口，就说"你说

得不对"或者"你应该这样做"，那对方肯定就不想再说下去了。

"不要评论对方"是倾听的必要条件，应用中立的态度聆听对方的话。只有在对方知道你不会随意地对他进行评论之后，他才能放心地对你倾诉，而且对方还会对你产生信赖和好感。

对方的态度和言行，往往是我们自身态度和言行的一种反映。如果我们认真地倾听对方的声音，那么对方也会敞开心扉接受我们，倾听我们的声音。

在倾听的过程中，我们还能了解到对方的价值观和思维模式，从而推测出什么样的话会引起对方的反感，什么样的话能够赢得对方的欢心。

倾听能够使自己获得对方的信赖，让对方打开心扉。同时对方也会认真地听取我们的声音。而且，通过了解对方的价值观和思维模式，还可以避免作出对方不喜欢的言行，取得对方的好感。

倾听虽然乍看起来是很普通且被动的行为，但实际上却能够给我们带来非常大的好处。

用"接受"来提高对方的自我肯定感

通过倾听和共鸣满足对方的被认可欲的同时，还要了解对方的价值观，并且通过表示"接受"来加深双方之间的关系。也就是说，要认可、接受对方的价值观。

如果说"倾听"和"共鸣"是为了满足对方的"自我认可欲"，那么"接受"就是为了提高对方的"自我肯定感"。认可并接受对方的价值观，就等于接受了对方的存在，能够使对方产生绝对的安心感和信赖感。

这同时还能够提高对方的自我接受感和自我肯定感。

事实上，能够接受对方，提高对方自我肯定感的人，其自身就是自我肯定感很高的人。正因为能够接受最真实的自己，所以才能够坦率地接受他人。

反之，自我肯定感低的人、无法接受自己的人，往往也难以接受他人。

这样的人往往无法接受自己身上的某些部分，并且将这部

115

分投影到他人的身上进行攻击，使自己处于优势地位。这就是有些人喜欢否定他人的原因。

综上所述，交流和人际关系与自我肯定感之间存在着非常密切的联系。

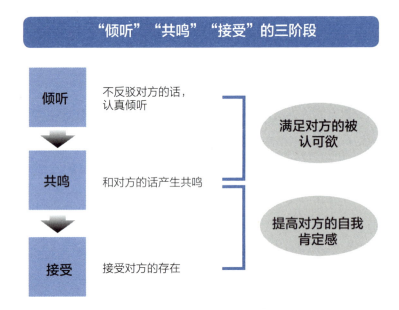

"倾听""共鸣""接受"的三阶段

倾听　不反驳对方的话，认真倾听

共鸣　和对方的话产生共鸣

满足对方的被认可欲

接受　接受对方的存在

提高对方的自我肯定感

换一种更容易让人接受的说法

那么，自我肯定感低的人就没办法建立起良好的人际关系了吗？并非如此。总之，要倾听对方的声音，与对方的情绪产生共鸣。

首先要了解对方，尝试去理解对方。这样对方就会对你产生好感。

在此基础上，试着向对方发出肯定的信息。"你说得对""我很理解""有意思""好像很不错""一定会成功的"……

在发出肯定信息的时候也需要掌握一些技巧。那就是尽量避免使用负面用语。

比如"虽然……""反正……""毕竟……"这些以负面转折开头的说法都要尽量避免。如果用了这样的开头，往往会在无意识中说出否定对方的发言。

另外，经常使用"谢谢"之类的感谢语也很有效。日本关西人常说"谢谢"，关东人则习惯说"不好意思"。我建议大家下意识地多说"谢谢"。

通过向对方说"谢谢"来表达感谢之情，可以使交流变得更加顺畅。

如果交流变得顺畅，人际关系的质量当然也会随之提高。人际关系的质量越高，相互之间的信赖度就越高，也就意味着建立起了更加牢固更加信任的关系。毫无疑问，情绪也会更容易保持稳定的状态。

让人更容易接受的说法

负面转折		容易接受
"所以说应该……"	➡	"或许这样就能……"
"我早就说……"	➡	"其实可能是……"
"虽然……"	➡	"原来如此，比如……"
"反正……"	➡	"没想到可能是……"
"毕竟……"	➡	"这样的话，或许……"

从"YOU信息"到"I信息"

在交流中有时候也不得不向对方传递一些负面的信息。在这个时候如果用词不当，很容易导致双方的关系恶化；反之，则可以将自己的想法准确且充分地传达给对方。

在这种情况下，"I信息"是个非常有效的方法。善于交流的人都经常使用"I信息"，而不擅长交流的人则习惯使用"YOU信息"。

比如，当对方说出很过分的话，如果你用"为什么你要说这种过分的话"来责备对方，那么这就属于"YOU信息"。而对方则很有可能同样用"因为你没有遵守约定"这种"YOU信息"来进行回击。也就是说，"YOU信息"是将对方作为主语，对对方进行责备和非难的表达方式。这样很容易使双方出现对立的关系。

接下来让我们试着将"YOU信息"变为"I信息"。比如："听到这句话让我感到很难过""我非常伤心"……将主语变为自己，可以将自己的感受和状况传达给对方。也就是说，不要直接去非难或责备对方，而是通过传达自己的感受和想法来争取得到对方的理解。

"我感觉很吃惊。"

"我感觉很失落。"

"我感觉很失望。"

通过"I信息"来将自己的感受传达给对方，对方也会冷静地反省自己"原来我的言行给他造成了这样的伤害"。

"YOU信息"其实就是在无意识地指责对方，认为对方应该

用"I信息"来进行交流

YOU信息	I信息
你这样说太过分了！	这样说让我非常伤心。
你为什么连这种事也做不到？	我很期待，很难做到吗？
你为什么迟到？	我以为你出什么事了，很担心。
你为什么没遵守约定？	我感到非常难过。

改正。但很少有人会因此而改正自己，反而会产生抵触情绪，变得更加抗拒。

反之，"I信息"没有迫使对方改正的意图。对方不会对"I信息"产生抵触情绪，于是更容易接受我们说的话。这样对方可能会自发地对自身的行为进行反省并进行改正。

"先下手为强"传达自己的信息

除了"I信息"之外，还有一种可以充分传达自己信息的方法，那就是"先下手为强"。所谓"先下手为强"，就是提前将最坏的结果说出来，让对方有个心理准备。

比如我对前文中提到的那个不好相处的上司就用过这个方法。当我觉得他要责备我的时候，我就会抢先一步这样说：

"虽然我也知道××先生完全没有那个意思，但刚才他说的话真的让我觉得是在批评我。坦白地说，我有点害怕呢。"

这时上司就会反过来安慰我："不是，他肯定没有那个意思……"

同时，上司也会冷静下来反省自己。有时候我要是好像开玩笑一样的语气，上司也会跟着我随声附和着说："那家伙真坏。"两人之间的气氛一下子就会缓和不少。

同样的说法还有很多：

"如果是我理解错了请别见怪。我是这样理解的……"

"我这样说您可能会生气……"

"可能您会觉得我是一个怪人……"

用这样的说法来提前让对方有一个心理准备，往往能够让对方变得冷静下来。与突然说出自己的意见相比，先安抚对方的情绪更为重要。

但在采用这个方法的时候需要注意的是，绝对不能显得太做作。比如"这件事只有你知我知……""我是因为信任你才对你说……"

如果这确实是你的心里话倒还可以，但有不少人喜欢用这样的方法去操控他人。结果反而让对方感觉"很可疑""有古怪"，对你产生戒备心理，这就完全起到了相反的效果。

团队管理中的情绪管理法

接下来我将为大家介绍团队管理的情绪管理法。相信在本书的读者之中，也有不少从事管理岗位的人吧。

个人的情绪管理固然重要，但对组织来说，团队的情绪管理也是必不可少的。要想让团队在拥有工作热情的同时又能够保持冷静、不感情用事，需要掌握一些技巧。

在团队合作中，肯定会出现上司给部下安排工作的情况。而安排工作的方法，与工作成果和部下的情绪管理有着非常密切的联系。

上司在给部下安排工作时必须明确以下要素：理由、工作目标、具体的成果、期限、可以利用的资源（人力、资金、信息等）、进程状况、汇报规则等。

如果这些要素不明确，部下在工作时就容易出现混乱，陷入不安，而部下不安的情绪肯定会影响到工作成果。

要想管理好团队的情绪，最重要的一点就是让团队成员都知道工作的目标和最终成果究竟是什么。但事实上很多上司都没有做到这一点。

很多上司在没有明确目标的前提下就给部下安排工作，然后从部下提交的工作成果中寻找符合自己要求的。

比如上司要求部下提交促销企划，但却没说究竟是面向消费者的促销企划还是面向销售渠道的促销企划，只是要求"给我拿出10份企划"。

部下在没有得到明确指示的情况下，只好将面向消费者和面向销售渠道的促销企划全都做出来，然后再通过筛选尽量缩小范围。

对于部下来说，如果上司一开始就给出一个明确的工作目标，那么部下的负担就会减轻许多。有的上司等部下完成工作之后才说"你做的这个东西不行"，让部下返工，这是最伤士气的做法。

有这样的上司，部下怎么能安心工作呢？整天担心自己的工作到头来都是白忙一场，这种不安会使人难以集中精神，情绪也不稳定。当然，整个团队的氛围也会越来越差。

明确工作目标和成果，并在团队内共享。同时再明确期限、资源、规则等内容，这样部下才能情绪稳定，将精力都集中在工作上。

团队情绪管理中必不可少的"倾听区分"技术

在团队的情绪管理中第二重要的就是前文中提到过的"倾听力"。在团队中，上司必须具备倾听部下声音的能力。如果部下觉得上司愿意倾听自己的声音，那么团队的氛围一定会变得很融洽。

能够仔细倾听部下声音的上司不但能够得到团队成员的信赖，还能够更加准确地把握他们的性格、特点、能力以及状态。这些信息有助于上司对团队进行管理，也是作出准确判断和指示的依据。

在倾听部下的声音时需要注意的是，必须区分"事实与判断""问题与情绪"。

如果部下汇报说"与A提案相比，客户似乎更中意B提案"，那么上司就必须判断这究竟是客户的真实想法，还是部下的判断。

或者有人说"对方销售部的李先生是个非常难以相处的人",那么上司就需要判断究竟是李先生真的难以相处,还是说这句话的人自己有问题。

在部下之中,既有能够将"事实"和"判断"区分开的人,也有将两者混为一谈的人。身为上司必须事先了解部下的这些特点。从这点来说,上司平时也应该多倾听部下的声音。

对"事"不对"人"

当出现问题的时候,上司最容易犯的一个错误就是去责备出现错误的"人"。"为什么你会出现这种错误""为什么你没有向我报告"……

前文中提到过的养命酒制造株式会社进行了一项名为"2017年东京职场人疲态调查"的调查,其中有一条是"上司说什么话最让你感到疲惫",排在第一位的是"这是常识",排在第二位的是"你怎么连这都做不好"。

　　这两句话都是针对个人的批判，会给个人的心理造成巨大的伤害，也会使人倍感压力和疲惫，工作积极性大幅降低。

　　在教育部下的时候，应该对"事"不对"人"。不要将注意力都集中在出现错误的"个人"身上，而是应该思考为什么会出现这样的"事情"。

　　"为什么会发生这种事？我们一起来找找原因吧。或许会发现什么好的解决办法。"

　　一味地责备犯错的人，会让对方觉得你是在否定他。但如果将关注的重点放在问题这件"事情"上，就不会使对方产生负面的情绪。

用"We"共享团队的问题

　　当组织和团队遇到问题，需要寻找解决办法的时候，应该用"We"来思考而非"I"。

　　"我们今后应该怎样开展工作？"

　　"出现了这样的问题，我们作为一个团队，应该如何应对？"

　　像这样用"We"做主语，可以激发出团队成员的主动性，让所有成员都意识到这个问题并非事不关己，而是"自己的事"。

　　用"We"还有一个好处，那就是能够将个人出现的错误从个人问题转变为团队全体的问题。这样一来，其他的团队成员也会承担起相应的责任，避免出现个人攻击的恶劣现象。

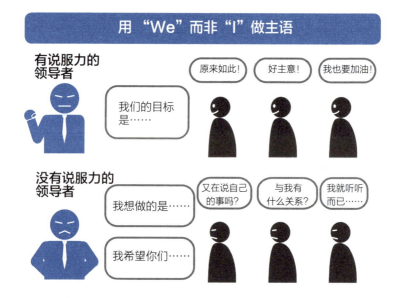

　　工作中出现失败和错误是在所难免的，而团队究竟将失败和错误作为攻击某人的理由，还是作为提高团队能力的经验，将决定这个团队的氛围和能力。选择前者的团队氛围往往非常沉重，而选择后者的团队则充满了积极向上的态度。

　　用"We"来共享团队遇到的问题，可以使团队的融洽度自然而然地得到提高。团队成员之间也会从不信任和竞争关系，转变为相互信任和合作的关系。

　　团队的融洽度得到提高，思考的效果也会随之提高。成员们会从"失败的话，会遭到大家的责备""如果别人取得成果，我的地位就不保了"等消极的思考方式转变为"这样做能够提高生产效率""大家合作取得理想的成果"等积极的思考方式。

　　融洽度提升了，思考的效果更好了，团队成员的行动也会变得积极起来。团队成员都敢于进行尝试和挑战，当然能够取得理想的成果。而取得理想的成果之后，这种成就感和成功体验更有助于加深团队成员之间的关系。也就是说，管理团队的情绪是带领团队取得成功的关键。

　　我做管理顾问的时候，经常用植物来打比方。栽培植物的时候，如果只照顾眼前的叶子，而不给埋在土里的根部浇水，那么植物就不可能茁壮成长。优秀的园艺师都会按时给根部浇水。团队建设也一样，通过情绪管理提高团队成员之间融洽度，就像是给植物的根部浇水一样，是团队管理中最重要的事情。

像这种团队成功循环的模型如第131页图所示。

"使命感=任务"才是团队管理的基本

在组织的情绪管理上，还有最后一个非常重要的因素，那就是"使命感"，也就是我们常说的"任务"。

任何组织和团队在进行工作的时候，都不能只追求自身的利益，还应该有一个更加崇高的职责和使命。比如"我们的工作会让社会变得更好""我们的服务会让老年人得到帮助""我们的工作能够让更多的人提高素质"。

人类是社会性动物，如果只追求自身利益，难以产生自信和喜悦等情绪。只有通过帮助他人等带有使命感的工作，才能使人类得到喜悦、满足和安心等情绪。

团队成功循环模型

良性循环
①相互尊重、齐心协力（关系）
②共同思考好的创意（思考）
③积极主动采取行动（行动）
④取得成果（结果）
⑤加深信赖关系（关系）

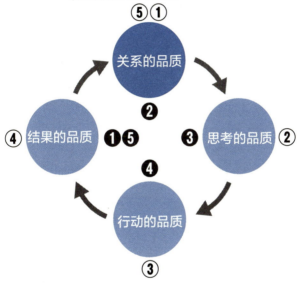

恶性循环
❶无法取得成果（结果）
❷相互对立、排挤（关系）
❸态度消极、被动思考（思考）
❹不采取行动（行动）
❺更加无法取得成果（结果）

麻省理工学院丹尼尔·金教授提出的理论

　　身为团队的领导者，必须让团队成员明确地知道自己的使命和任务是什么。比如将团队的使命和任务写出来贴在墙上，每天开会的时候都大声地念一遍，让所有人都达成共识。

　　明确使命和任务，并使其渗透进每个团队成员的意识之中，对于提高团队关系的品质和思考的品质，以及行动和成果的品质都至关重要。

谷歌最强的团队力

　　提高关系的品质就能提高团队的工作效率。这一点已经通过谷歌的团队建设案例得到了证实。

　　谷歌对自己公司内部工作效率较高的团队进行调查后发现，即便团队里聚集了各领域的专家和优秀人才，也不一定拥有最高的工作效率，而工作效率高的团队和工作效率低的团队之间最大的差异就是关系的品质差异。

　　这里所说的关系，不是指团队成员之间的人际关系——比如，团队成员经常一起吃午饭或者休息日的时候一起出去玩——而是指即便团队成员拥有不同的个性和主张，但却拥有共同的目标和价值观；即便团队成员在性格上可能合不来，但却能够互相尊重，共同合作。这可以说是团队关系的基础。

从自我肯定感的角度来说，每个团队成员的自我肯定感都很高，因此他们在相信自己的同时也能够接受和认可他人。这样一来团队成员间就能建立起很深厚的信赖关系。

这样的团队究竟有什么特征呢？用谷歌的话来说就是保证了团队的"心理安全性"。

团队成员在这样的团队中能够展现出自己最真实的一面，不必担心会遭到否定，就算说出真心话也不会遭到排挤……正因为有这样的安心感，团队成员才敢于自由地表达自己的意见，充分地发挥出自己的才能。

如果组织和团队能够实现这种关系，当然能够给团队成员在精神上创造一个非常良好的环境。团队成员们在人际关系和日常工作中都很少遇到问题，情绪就能够保持稳定。组织的能量不被浪费在毫无意义的地方，工作效率提高也是理所当然的。

由此可见，团队的情绪管理与团队管理和团队建设有着密切的联系。良好的团队建设能够有力地促进团队的情绪管理，并提升关系的品质，使团队变得更好。如果能够形成这样的良性循环，不管是个人还是团队，都能够发挥出超常的力量。

第六章

消除心中的烦恼

有助于提高情绪管理能力的日常习惯

寻找一个榜样

在第四章和第五章中，我为大家介绍了情绪管理的逻辑思考方法。这相当于情绪管理的基础和骨骼。而在第六章中，我将为大家介绍一些情绪管理的小技巧，这些都是我们在日常生活中能够用到的实用秘诀。

基础固然重要，但有时候一些实用的小技巧也能够派上大用场。不仅如此，这些秘诀还拥有非常重要的意义。

首先让我们来看第一个秘诀——"榜样"的重要性。

在你的身边，有没有值得尊敬的人，让你感觉像老师一样的人？

或许有人说，"我身边没有一个值得尊敬的人"。但事实真是如此吗？

正所谓"三人行必有我师"，不管在任何职场之中，肯定都会有一两个值得学习的人。

我比较幸运，在我的身边有非常多值得尊敬的优秀人才。

当然我不可能直接拜他们为师然后向他们学习。不过我可以发现他们身上的优点并效仿，并因此获益良多。

如果你认为周围没有值得学习的人，可能是因为自己心中没有设定出一个明确的目标。在拥有明确的目标和努力的方向之后，当你再审视周围的时候一定会有不同的发现。

比如以成为最优秀的销售人员为目标，那么就应该学习公司里最优秀的销售人员的工作方法。如果想掌握组织管理的能力，可以向上司和公司内外的管理者学习经验。

"仔细观察榜样的工作方法"的重要性

要想取得成长，榜样不可或缺。不管是学习工作方法，还是学习生活方式和思考方法，榜样的力量都是非常强大的。

如果你的身边拥有工作能力优秀、态度积极向上、深受众人爱戴的人物，那一定要主动去接近他。你不但能从他身上学到工作的方法，还能学到许多情绪管理的技巧。

就算不能直接向对方请教，也可以观察对方的工作方法，模仿对方的言谈举止。"近朱者赤，近墨者黑"，待在优秀的人身边，自己也会被对方影响。最近的脑科学研究也证实了这一点。

观察可以激活镜像神经元

我在第二章的"情绪感染"部分提到过在我们人类的大脑里有一种名为镜像神经元的神经细胞。虽然在第二章中我举的是被愤怒的情绪感染的负面例子，但实际上利用镜像神经元的工作原理，我们也可以将其应用到积极的方面。

在镜像神经元的作用下，如果我们看到别人拿起水杯或者扔出棒球，那么我们大脑内的神经细胞就会像自己也做了同样的动作一样活动起来。

也就是说，通过近距离观察我们想要效仿的人的行动，那么对方的行为模式就会在我们的大脑中得到重现。因此，如果自己身边有值得学习的人，就尽可能地接近他，然后仔细地观察他的一言一行。这样在镜像神经元的作用下，我们就能像亲身体验一样感觉到对方的言行。

榜样不一定非得是自己的前辈，有时候也可以是志同道合的同伴，或者其他行业或领域的佼佼者……只要是态度积极向上、工作能力优秀的人，都能带来好的影响。

寻求榜样的帮助

有时候，我们可以向榜样寻求帮助。事实上，我就经常采用这个方法。

榜样往往是相应领域的专家，因为受到过专业的训练，所以会仔细地倾听我们的声音，而且能够对我们表现出接纳的态度。这就会使我们产生被认同感，从而使心情得到极大的宽慰，还会因此得到极大的勇气和鼓舞。

别看我现在从事讲师的工作，总是一副自信满满的样子，但实际上我是一个很容易陷入消沉、失去自信的人。但是就算我自暴自弃地说出100次"已经完蛋了"之类的话，那些专业的榜样们也会用100次"没关系"来安慰我。榜样会坚定不移地支持你、鼓励你。这也正是榜样的伟大之处。

如果你有关系非常亲密的朋友，或许他也会倾听你说的话，但你的朋友不一定是相关领域的专家，所以无法给你有效的鼓励，甚至有的时候还会说出"不是那样的"或"你这么想可不行"之类的话来否定你。

如果总是听另一方抱怨，就算是最要好的朋友也可能会觉得厌烦吧。长此以往，好不容易建立起来的朋友关系也会出现裂痕。

所以，在这种时候最好寻求榜样的帮助。能让对方拿出30分钟到1小时的时间来听你倾诉，不管为此付出多少代价都是值得的。

养成PMA=积极思考的习惯

PMA（Positive Mental Attitude），直译过来就是"积极的心态"。可以说PMA是让我们的人生变得更加丰富多彩的奥秘所在，也是情绪管理的关键。

　　发生的事情究竟是好是坏，完全看个人的理解。 比如钱包丢了，很多人第一反应这是件坏事。但如果觉得这是"破财免灾"，那钱包丢了也不见得就一定是坏事。

　　尽管这个例子可能有些极端，但任何事情都可以有不同的解释。不管是多么坏的事情，只要换个角度去思考都能从中找出好的一面。诸位不妨回忆一下自己在工作和生活中遇到过的失败和危机，是不是同时也包含着经验和转机。

　　失败是成长的契机，危机则与机遇共存。如果从这个角度出发去进行思考的话，那么世上的一切事物都没有绝对的好坏之分。所以请放下心中的恐惧，大胆地前进，人生总会有所收获。

　　工作能力优秀、态度积极向上、深受周围人爱戴的人，无一例外都是拥有PMA的人。

积极思考与情绪管理的深层关系

　　积极思考与情绪管理之间有着非常深的联系。情绪管理并不是压抑和抹杀情绪，而是充分地利用情绪。喜怒哀乐等情绪

本身没有好坏之分。愤怒、悲伤、憎恨等负面情绪也都是人类
非常重要的情绪。

　　长期被负面情绪影响会造成心理疾病，但如果彻底抹杀负
面情绪，同样也会给心理造成巨大的负担。所以正确的做法应
该是承认负面情绪的存在，并将其作为理解自己的契机。

　　接受自己的情绪，客观地对自己进行分析，不被负面情绪
束缚，让其自由地消散、升华，这是情绪管理的关键。

　　懂得积极思考的人，能够客观地看待自己的负面情绪。他
们不会对负面情绪进行任何的价值判断，只是将其作为一种客
观事实坦然接受。

　　而不懂得积极思考的人，则很容易被负面情绪影响，或者
刻意地压抑负面情绪。这两种做法都是错误的。要想实现情绪
管理，PMA是必不可少的要素。

提高情绪管理能力的8个技巧

　　要想提高情绪管理的能力，应该怎么做才好呢？其实只要

稍微改变一些日常生活中的习惯，就能够让我们拥有PMA，提高情绪管理的能力。

接下来我将以我亲身实践的方法为中心，为大家介绍8个小技巧。

技巧1 保持微笑

不知道大家是否听说过"嘴里叼着铅笔看漫画"的实验。参加实验的人被分为两组，一组将铅笔横着叼在嘴里看漫画，另一组则将铅笔竖着叼在嘴里看漫画。横着叼铅笔的人因为需要张开嘴巴而且嘴角上扬，就好像在微笑一样。而竖着叼铅笔的人则需要噘起嘴巴。

哪一组看漫画时会感觉更开心呢？答案是横着叼铅笔，露出好像微笑表情的那一组。人类不只会因为开心而露出笑容，还会因为露出笑容而开心。我们平时都觉得自己是因为开心才露出笑容，但实际上也有完全相反的情况。

后来人们又进行了许多实验和研究，发现情绪的变化能够引起表情的变化。同样，表情的变化也会引发的情绪变化。

我经常告诉自己要尽可能地保持微笑。在开始工作之前或者与他人见面之前，我都会先通过镜子确认自己的表情。有时候我可能因为遇到了不愉快的事情或者被工作压得透不过气来，导致脸上的表情变得阴沉。因此我需要通过镜子来反省自己，让自己尽量保持微笑。

只要脸上带着笑容，心情也会自然地变得舒畅起来，态度更加积极。

你平时是否习惯板着脸？请大家现在试着嘴角上扬露出一个微笑，是不是感觉心情也随之快乐起来了？只是露出微笑这样一个小小的动作，就能让我们的情绪变得更加轻松、舒畅。

技巧2　利用身体的行动改变心情

除了表情之外，**身体的行动也能改变心情**。人类在感到开心和快乐的时候，身体会自然地行动起来。比如高举双手或者跳起来。如果身体的行动也能对情绪产生影响，那么只要作出开心时的动作，心情也会随之变好。

事实上，身体的行动与情绪之间也有着密切的联系。急躁的人行动起来也不够沉稳。特别是生活在大城市的人，总是给

人一种匆匆忙忙的印象。

请试着放慢自己的动作，下意识地改变自己走路的节奏。放慢脚步，就能够看到前所未见的景色，发现那些匆忙经过时未曾发现的美景。

瑜伽、太极拳等之所以有助于情绪的平稳就是出于上述的理由。每天都因为工作繁忙而疲于奔命的人，不妨练习一下瑜伽和太极拳之类舒缓的运动。

反之，感到意志消沉的时候，可以试着加快走路的速度，或者做一些伸展四肢、快节奏高强度的运动，还可以高举双手或者跳起来大喊"太好了"。这些行动都有助于振奋精神。

除了行动之外，**姿势也很重要**。走路和坐下的时候请挺直身体。行为心理学的研究表明，如果肩膀耷拉下来，眼睛也往下看，就会产生消沉的感觉。而抬起头、嘴角上扬，走路的步伐轻快一些，心情也会随之好转。

技巧3 彻底休息

情绪与身体之间有着密切的联系。在前文中我多次强调，"疲劳"是情绪管理的大敌。身体的疲惫会导致心灵的疲惫，而心灵的疲惫则会导致负面情绪的出现。

身心俱疲会使神经变得异常敏感，哪怕是一些鸡毛蒜皮的小事都会使人感觉坐立不安，很简单的工作也会浪费大量的时间和精力。熬夜之后的大脑就像喝醉了时一样记忆力很差。单纯延长劳动时间也不一定能够取得成果。

我每年都会拿出一些时间，让自己与工作完全隔离，彻底休息。我很喜欢印度，每年都会在印度待上几周。而在休假的时候，为了尽可能地忘掉日常的生活和工作，我绝对不会携带任何与工作相关的东西，连电脑都不带。

休假除了能够帮助我们忘记工作的繁忙，还可以帮我们清洁被大城市充满紧张感的气氛污染的身心。生活在大城市之中，我们每个人都会在不知不觉中被噪音和污染侵蚀，处于情绪易于陷入混乱的状态。而远离城市的喧嚣，可以让我们洗去沾染在身心的污垢，使身心都得到净化。

远离数码产品也很重要。经常有人在旅行的时候也用智能手机玩游戏或者浏览网页来消磨时间，但我从不那样做。要想彻底摆脱日常的噪音和喧嚣，使自己的身心都得到彻底的放松与净化，远离数码产品至关重要。

我有一位认识的女性朋友，她外出旅行的时候不但不带电脑，甚至连手机都处于关机状态。她每次外出之前都会发邮件通知"很抱歉，这段时间我联系不上"，但短时间的失联并不会给工作带来什么严重的影响。

人类的集中力、注意力和创造力并不是无穷无尽的，而是像电池的电量一样会随着消耗而逐渐减少。消耗殆尽后就必须充电。

越是优秀的商务人士，越懂得休息的重要性。不管工作多么繁忙，他们都不会放弃休假。要想做到这一点，必须在制订一年的日程表时，首先安排假期的时间，然后在剩余的时间里安排工作。

如果总是想着有空闲时间的话就去休假，结果却是一直也没有空闲。那些优秀的商务人士很清楚这一点，所以先保证休假的时间，然后再安排工作。这样的时间使用方法和工作方法显然更加合理。

技巧1 充分利用早晨的黄金时间

要想让自己保持积极向上的态度，早晨的时间非常重要。

特别是沐浴在朝阳的光芒之中，能够让身心都充满能量。

已有研究证明，早晨沐浴在阳光之中有助于促进大脑内褪黑激素的分泌。褪黑激素有调整自律神经的作用，大脑正常分泌褪黑激素能够使我们在夜晚睡眠更好，早晨自然清醒。

睡眠质量提升、生活规律，身体就会更加健康。反之，如果睡眠不好、生活不规律，就会导致交感神经和副交感神经失衡，自律神经出现紊乱，最终导致失眠、体重增加等不健康的状态。

生活在城市之中，有许多可能破坏生活规律的因素：日常生活和工作带来的沉重压力，整个夜晚都闪烁不停的霓虹灯，24小时不间断的互联网。只要稍微放纵一下自己，我们的生活就会立刻变得混乱不堪，结果就是自律神经出现紊乱，疲惫像雪球一样越滚越大。

为了避免出现这种情况，充分利用早晨的黄金时间尤为关键。最近早起的人越来越多，可见已经有很多人开始意识到这一点。

早晨自然醒来，躺在床上放松心情，可以使大脑变得更加活跃，更容易产生创意和灵感。如果养成将早晨想到的灵感记在笔记本上的习惯，就相当于获得了非常高效的创意时间。

早晨洗个澡，然后出门散散步，对身体也大有好处。早晨的阳光有助于促进褪黑激素分泌，早晨活动身体也可以使身体和大脑都活跃起来，让大脑从副交感神经主导的状态平稳地过渡到交感神经主导的状态。

吃完早饭后，还可以参加一些学习会或者读书会之类的活动，也可以搭乘最早的一班地铁，第一个来到公司，在安静的办公室里开始一天的工作。

像这样充分地利用好早晨的时间，能够让我们能量充沛、毫无压力地面对一天的工作和生活。

技巧5 掌握7种转换心情的方法

掌握一些转换心情的方法，对情绪管理也很有帮助。下面我就为大家介绍7种自己也在亲身实践的方法。

（1）睡午觉

吃完午饭之后，稍微睡上二三十分钟，能够极大地提升下午的工作状态。特别是对于有早起习惯的人来说，中午12

点吃完午饭后要是能稍微睡个午觉，下午的状态将会变得完全不同。

忙碌的日本人一般都没有睡午觉的习惯，但放眼世界，有睡午觉习惯的国家和地区比比皆是。西班牙和很多说西班牙语的国家、日本的近邻中国，以及我很喜欢的印度，都有睡午觉的习惯。

越来越多的企业都将睡午觉写进了公司制度里，其中包括谷歌、耐克、英国航空等世界知名企业。美国海军要求官兵在出发进行巡逻之前先小憩二三十分钟，用来"养精蓄锐"。

日本近年来也开始出现实行午睡制度的企业。因为事实证明，在短时间的小睡之后，生产效率确实得到了巨大的提升。

（2）伸展肌肉

在办公桌前久坐，身体会变得异常僵硬。在这个时候，通过做伸展运动来舒缓肌肉，对情绪管理也很有帮助。身体与心灵和大脑都是相通的。身体僵硬的话，心灵和思考也会变得僵硬。特别是经常坐在办公桌前工作的人，应该每天早、中、晚做三次伸展运动，让身体和心灵都得到放松。

（3）用香薰来转换心情

我有时会用香薰来转换心情。香气拥有改变人类心情的神奇力量。正确利用香薰可以减轻压力、平复负面情绪。

我拥有香薰师的资格证。一般来说，薰衣草香可以使人感到放松，柑橘系的香气则能够使人充满活力，玫瑰香可以使愤怒的人冷静下来。

除了香薰之外，我还会用加了香味的加湿器，或者将香精稍微蘸一点在纸巾上，睡前闻一闻。感到焦虑的时候往脸上喷一点玫瑰水就能立刻使心情平静下来。我总会感觉眼睛发热，所以也会喷一些玫瑰水给眼睛降温。

（4）做按摩

做按摩也是转换心情的有效方法之一。就像前面提到过的伸展肌肉一样，让僵硬的肌肉得到放松，可以使心灵也随之放松。

伸展肌肉自己就能做，而按摩的关键则是借他人之手为自己做按摩。被别人抚摸自己的肌肤，可以使心情也平静下来。

从这一点上来说，让关系比较亲密的人为自己做按摩，效果会更好。

（5）听喜欢的音乐

音乐也是使人感到放松的重要工具之一。我经常听恩雅之类歌手的歌，这些音乐能够使人的心情感到平静。除此之外，我还经常听治愈系的音乐，古典音乐我喜欢莫扎特的，民族音乐我喜欢印度的"乾闼婆"，非常能够治愈心灵。

只要能够令自己的心情感到平静，什么音乐都可以。关键在于对自己有效，比如这个音乐能够治愈心灵，那个音乐能够激发干劲等。

（6）打扫卫生

打扫卫生也能转换心情。有空闲的时候，可以整理办公桌、收拾橱柜，丢掉多余的物品。让身边的环境变得整洁一新也能使心情变得爽快舒畅。

（7）寻找一个自己喜欢的地点

当心里感觉焦躁不安、负面情绪出现的时候，立刻站起身去自己喜欢的地方待一会儿也有助于转换心情。这个地点可以是任何地方，比如附近的咖啡馆、公园。如果附近有开车当天就能往返的温泉旅馆，那也是个不错的选择。

很多人在下班之后会顺路去居酒屋或小酒吧喝上一杯。边喝酒边与居酒屋老板或店员聊聊天，或许也能转换一下心情。

喜欢唱歌的人可以去卡拉OK。最近有不少一个人也能唱歌的卡拉OK，通过唱歌来解压也是个不错的办法。

喜欢自然风景的人，可以定期去郊外或大自然之中放松心情。住在海边或山边的人在这一点上就有得天独厚的优势。

找出几个自己喜欢的地点，在适当的时候去转换一下心情，对情绪管理大有帮助。

技巧6 生气的时候尝试"换位思考"

不管多么冷静的人，都可能会有焦躁或愤怒的时候。当对身边的人感觉愤怒的时候，不妨站在对方的角度进行一下换位思考。

我在做培训的时候经常让学员做"换位思考"的尝试。具体来说就是让学员一人分饰两角来进行对话。通过这样的方法可以使自己了解对方的心情和想法。

当感到生气的时候，也可以利用这种方法分别扮演自己和对方来进行对话。对于不习惯这种方法的人，可以准备两把椅子，通过交换座位来模拟角色之间的切换。

自己："那个时候你为什么要那样做？"

对方："因为我觉得你一点也没理解我说的话。"

自己："为什么有这种感觉？"

对方："因为我提出的改善方案你一个也没执行啊。"

自己："并不是那样的，你的提案我实际尝试了一下，发现进展不顺利就取消了。"

对方："既然是这样，你也应该和我说一声才好啊。我还可以想别的方法……"

通过这样的对话，你就会发现只要及时地和对方沟通，就可以避免对方产生误解。这样一来，你也就不会因为对方的行为而感到愤怒。

当感到焦躁和愤怒的时候，请尝试一下这种一人分饰两角的对话吧。

技巧7 彬彬有礼

语言会变成行动。**重视语言的人也会重视他人。重视他人的人也会得到他人的重视。**这就是镜像原理。自己的思考和行动会原封不动地反馈到自己的身上。

请尽可能礼貌用语。我认识的一些人即便对部下也会尊称"先生"。平时总是非常礼貌地尊重他人的人，一般都不会滥用职权。

技巧8 健康饮食

现代社会食物资源极大丰富，但与此同时也出现了许多对身体健康不利，甚至对情绪也会产生不良影响的食物。

最典型的就是被称为"垃圾食品"的西式快餐。这些食物含有大量的糖和脂肪，很容易导致肥胖。另外，这些食物之中还含有大量食品添加剂等有害物质，长期食用会对身心造成不良的影响。

比如碳酸饮料大多含有大量的糖分，而且吸收速度快，会导致血糖急速上升。此时人体就会大量地分泌胰岛素来快速降低血糖，但人体如果总是重复这种血糖急速上升和下降的过程，肯定会对身心都造成巨大的损伤。

有研究表明，胰岛素分泌过多会导致人体出现短暂的低血糖，容易使人精神萎靡。而饮食不规律和常吃垃圾食品则会破坏身体的平衡，使负面情绪容易出现。

优秀的商务人士都非常注意自己的饮食。他们很少喝碳酸饮料，而是会选择饮用矿物质水，吃饭的时候也会尽量选择有机的食材。

食物的摄入量也非常重要。最近社会上开始出现过量摄入食物的趋势。医学上认为每餐只要吃八分饱就行了，我个人则感觉吃到六分饱刚刚好。印度的传统医学更是认为现代人一餐摄入的食物量就相当于一天摄入的食物量。也就是说现代人都处于慢性过量摄入的状态。

虽然现代人存在食用垃圾食品和过量摄入食物的问题，但感到有压力的时候，美美地享用一顿自己喜欢的大餐也是消除压力的好办法。总是为了健康而管理饮食，会让人生变得枯燥无味。享受美食无可厚非，关键在于掌握好美食与健康之间的平衡。

情绪突然出现剧烈波动时的6种应对方法

即便我们通过上述8个小技巧来尽可能地管理自己的情绪，也可能会突然出现焦躁、愤怒等剧烈的情绪波动。在这种时候，可以通过以下6种方法对情绪进行调整。

应对方法1 深呼吸6秒

情绪管理科学认为，愤怒的爆发只会持续6秒。如何平稳地度过这6秒的时间，可以说是情绪管理的关键。当产生愤怒的情绪时，首先应该客观地接受这种情绪。

在这个时候深呼吸是非常有效的应对方法。深呼吸能够刺激我们的副交感神经，使我们得到放松。这样一来自然能够抑制愤怒的情绪。

人类在感到愤怒的时候，呼吸往往会变得急促。在这时候先屏住呼吸，保持2~3秒，然后缓缓地呼气，整个呼气过程最好持续6~8秒。重复上述动作2~3次。当做完这几次深呼吸之后，你会惊奇地发现愤怒的情绪已经平复下来了。绝大多数的时候，这种方法都会非常有效。

应对方法2 离开现场

在情绪出现剧烈波动时，如果能够离开现场的话，最好立即离开。可以找个借口，比如"我去一下洗手间""我去接个电话"，与导致你情绪出现波动的对象拉开距离。

感到异常愤怒的情况下，只是看到对方也会使自己的情绪产生波动。因此最好的做法就是离开现场。当换了一个环境之后，我们就会自然而然地冷静下来。等冷静下来之后，再装作一切都没发生过一样返回现场，还能继续之前的对话。

应对方法3 缓和目光

愤怒的情绪会如实地在我们的脸上显露出来。比如脸色变得难看，目光变得锐利。而通过下意识地改变表情，也能够使情绪随之改变。愤怒的信号会最先从目光中表现出来。眼睛周围的肌肉变得紧张，眼睛大大地睁开，眼角上扬。

在这种时候不妨下意识地缓和眼睛周围的肌肉。稍微眯起眼睛，让眼角向下垂，露出好像在笑的表情。这样就可以极大地缓和愤怒的情绪。

更有效的做法是用力地闭上眼睛，可以一下子就让愤怒的情绪消失。这种方法还可以应用在身体上，与舒缓地放松相比，先积蓄力量然后彻底放松会更有效果。

嘴部的表情也值得注意。当我们感觉焦躁或愤怒时，嘴角部分就会向下用力。在这种时候请试着舒缓嘴部的肌肉，让嘴角上扬。有没有感到整个脸部的肌肉都松弛下来了呢？与此同时，愤怒的情绪也会得到缓解。

应对方法1 消除全身力量的"摇摆法"

愤怒的情绪不仅会让表情变得险峻，还会使整个身体都变得紧张起来。此时人体内会分泌肾上腺素，交感神经亢奋，进入攻击状态。必须及时地缓和这种状态。

我推荐采用"摇摆法"。具体来说就是放松四肢的力量，像漂浮在水中的海草一样左右摇摆。做这个动作3~5分钟。伴随着全身的力量放松，愤怒的能量也会随之消失。

应对方法5　将情绪写出来

如果手边有纸和笔，可以试着将当时的情绪写出来。正如我在第四章中介绍过的那样，将自己的情绪写在纸上，有助于我们对其进行客观的认知。

感到非常愤怒的时候，写出脏话也无所谓。但用来发泄情绪的纸不能保留下来，一定要及时处理。有条件的话可以将其烧掉，相当于一种情绪净化与升华的仪式，没办法燃烧处理可以选择碎纸机。

当情绪发泄完毕之后，接下来就应该对自己的情绪进行理性的分析。思考自己为什么会感到愤怒？在愤怒的情绪背后是否隐藏着其他的理由？将想到的内容都写出来，可以帮助我们对情绪进行调节。

应对方法6　欣赏喜欢的图片或物品

随身携带一个能够在愤怒的时候转换心情的物品，只要是能够立刻取出、让激动的情绪平复下来的什么物品都可以。可以是家人或孩子的照片，也可以是自己非常喜欢的风景照。

当感到情绪激动的时候立刻将这个"法宝"取出来，然后欣赏一番。

如果是能够听音乐的场合，拿出耳机欣赏自己喜欢的音乐也是个不错的办法。

情绪管理就是充分地利用自己的情绪

本书为大家介绍了情绪管理的重要性、意义以及具体的方法。如果用一句话来概括其中的重点，那就是"情绪管理并非抹杀情绪，而是充分地利用情绪"。

各种情绪是人类自然的反应。正因为拥有情绪，我们才能够享受人生的乐趣，体会人生的意义。如果一个人没有情绪，那他的人生一定非常枯燥乏味。

喜悦、快乐等正面情绪我们都会直接表现出来，负面情绪也不应该压抑和抹杀，而是应该承认和接受。事实上，在绝大多数场合，负面情绪就是我们潜意识和本质的体现，是帮助我们了解真实自己的契机。

因此，不管是正面的还是负面的情绪都应该承认和接受，并仔细地体会和品味，理解这份情绪之中的含义，然后让其自然消散。如果能够像这样客观地对待情绪，那么任何人都能够成为积极乐观、受人尊敬的人。

通过情绪管理让人生变得更加丰富多彩

如果能够管理自己的情绪，可以极大地提升我们的自信心。因为能够管理情绪意味着我们接受了包括负面部分在内的真实的自己。

可以说情绪管理与自我肯定感之间是互为表里的关系。如果能够做到情绪管理，那么自我肯定感也会得到提高。自我肯定感提高的话，情绪管理也会更加顺利。两者相辅相成，就能够实现良性循环。

能做到这一点的人，任何时候都表现得非常自然，绝不会给人留下造作的感觉。

自然得体、不虚张声势、总是充满活力——这样的人肯定会吸引周围人的注意。和他同样积极向上的人都会聚集过来。

这种状态是最理想的。不管遇到多么困难的工作，不管工作上出现多么困难的问题，总会有人主动地伸出援手，帮忙开拓道路。而且，这样的人也非常懂得感恩，他知道自己的成功离不开周围人的帮助。

这样的人是高高在上、可望而不可即的吗？我认为不是这样。与其说这样的人拥有超凡的能力，不如说他们重视自己和自己的情绪，同时也重视他人和他人的情绪。从某种意义上来说，他们就是重视情绪的普通人吧。

希望诸位读者朋友也试着重视自己、诚实地面对自己的情绪，同样也认真诚恳地对待他人和他人的情绪。这样的话，你一定会接受并喜欢上自己，并且也能够得到他人的尊敬和爱戴。

通过管理和灵活运用自己的情绪，可以提高关系的品质，让工作和人生都变得更加顺利。

结语

让情绪成为自己的朋友

"不要感情用事""时刻保持理智"……

现代社会似乎普遍认为，感情用事是错误的、保持理智才是正确的。如果有人说"你真是个感情用事的人呢"，恐怕没有人觉得这是在夸奖自己吧。

但感情用事真的是坏事吗？

高兴的时候如果大声地笑出来，会感觉更加快乐；悲伤的时候如果大声地哭出来，能够排解悲伤的情绪、使心情变得舒畅，事后回忆起来也不会特别伤感，可能还觉得是一段宝贵的回忆。

情绪对我们的生活来说是不可或缺的东西，可以使我们的生活更加丰富多彩，更有意义。

人类如果没有情绪，那就像是冷冰冰的机器人一样。没有喜怒哀乐的世界，又有什么存在的意义呢？

麦肯锡情绪管理法

　　所以问题不在于情绪的好坏，而在于我们面对情绪时作出的选择。更进一步说，我们究竟将情绪看作自己的敌人还是朋友？这才是问题的关键。

　　那么，什么样的人能够让情绪成为自己的朋友呢？我认识一位非常优秀的商务人士，他对自己的直觉和情绪非常重视。"对不起，我今天没什么干劲，所以提前下班去健身了""忽然很想听音乐，昨天大半夜跑去听音乐会"……

　　乍看起来他是个毫无章法的人，但实际上他的工作比任何人都优质和高效。

　　直面自己的情绪，可以使情绪更加清晰、直觉更加敏锐。只有时刻重视自己的直觉和情绪，才能在关键时刻抓住直觉和情绪释放的信号。这样的人能够清楚地知道自己什么时候感觉疲劳，什么时候应该休息，从而及时作出应对，避免出现更加严重的后果。

　　善于工作的人，除了逻辑思考之外，还懂得充分利用直觉和灵感的力量。利用这种力量，他们不管是在工作还是私人生活上都会有超常的发挥。

　　让情绪成为自己的朋友还有一个好处，那就是"透明感"。

166

将喜怒哀乐直接表现出来的人，在旁人看来简单易懂。这种"透明感"能够给人以安心的感觉。反之，从不将情绪表露出来，让人猜不透他究竟在想些什么的人，则很容易引起周围人的戒备心理，遭到周围人的疏远。

善于工作的人都拥有"透明感"。这样的人更容易得到他人的信赖。因为朋友和支持者很多，敌人很少，工作进展自然非常顺利。就算失败或者遇到危机，也总会有人及时出手相助，帮助他渡过难关。

本书为大家介绍了管理情绪的方法，同时也客观地说明了情绪的真相。

要想让情绪成为自己的朋友，逻辑思考的问题解决方法非常有效。只要掌握了这种方法，任何人都能够管理情绪，你的人生也必将变得更加丰富多彩。

如果通过本书，能够让更多的人掌握管理情绪的方法，获得更加丰富多彩的人生，那将是我最大的喜悦。

大岛祥誉